OUVRAGES DE CETTE SÉRIE
RÉDIGÉS ET PRÉSENTÉS PAR MARY-ALICE WATERS

En français, anglais et espagnol

« Je mourrai comme j'ai vécu »
Antonio Guerrero (2014)

Voix depuis la prison : les Cinq Cubains
Rafael Cancel Miranda, Rodolfo Rodríguez, Carlos Alberto Torres, Elizabeth Palmeiro, Gerardo Hernández, Ramón Labañino (2014)

Les Cinq Cubains
Martín Koppel et Mary-Alice Waters (2012)

Cuba et la révolution américaine à venir
Jack Barnes (2001)

Che Guevara : l'économie et la politique dans la transition au socialisme
Carlos Tablada (1989)

En anglais et en espagnol

Cuba et Angola : la guerre pour la liberté
Harry Villegas (2017)

Ce sont les pauvres qui font face à la sauvagerie du système de « justice » américain
Les Cinq Cubains parlent de leur vie au sein de la classe ouvrière aux États-Unis (2016)

Acquittés par la solidarité
Antonio Guerrero (2015)

Cuba et l'Angola : lutter pour la libération de l'Afrique et pour la nôtre
Fidel Castro, Raúl Castro, Nelson Mandela et autres (2013)

Les femmes et la révolution : l'exemple vivant de la révolution cubaine
Asela de los Santos et Mary-Alice Waters (2013)

Suite à la page suivante

Les femmes à Cuba : faire une révolution au sein de la révolution
Vilma Espín, Asela de los Santos et Yolanda Ferrer (2012)

Soldat de la révolution cubaine
Luis Alfonso Zayas (2011)

Le capitalisme et la transformation de l'Afrique
Mary-Alice Waters et Martín Koppel (2009)

Notre histoire s'écrit toujours
Armando Choy, Gustavo Chui et Moisés Sío Wong (2005)

Aldabonazo
Armando Hart (2004)

Les Marianas au combat
Teté Puebla (2003)

De l'Escambray au Congo
Víctor Dreke (2002)

Playa Girón / Baie des Cochons
Fidel Castro et José Ramón Fernández (2001)

Terrain fertile : Che Guevara et la Bolivie
Rodolfo Saldaña (2001)

Che Guevara parle aux jeunes
(2000)

Faire l'histoire
Entretiens avec quatre généraux cubains (1999)

Aux côtés de Che Guevara
Harry Villegas (1997)

Quel chemin, nous les esclaves, avons-nous franchi !
Nelson Mandela et Fidel Castro (1991)

U.S., hors du Moyen-Orient !
Fidel Castro et Ricardo Alarcón (1990)

Suite à la page suivante

En anglais

Octobre 1962 : la crise des « missiles » vue de Cuba
Tomás Diez Acosta (2002)

Pombo : un homme de la guérilla du Che
Harry Villegas (1997)

Épisodes de la guerre révolutionnaire, 1956-1958
Ernesto Che Guevara (1996)

Le journal de Bolivie d'Ernesto Che Guevara
(1994)

Dire la vérité
Fidel Castro et Ernesto Che Guevara (1992)

Défense du socialisme
Fidel Castro (1989)

En arabe

Voix depuis la prison : les Cinq Cubains
Rafael Cancel Miranda, Rodolfo Rodríguez, Carlos Alberto Torres, Elizabeth Palmeiro, Gerardo Hernández, Ramón Labañino (2014)

Les Première et Deuxième déclarations de La Havane
(2008)

Les Première et Deuxième
Déclarations de La Havane

Les Première et Deuxième

Déclarations de La Havane

**Manifestes de la lutte révolutionnaire
dans les Amériques adoptés par le peuple de Cuba**

Pathfinder

NEW YORK   LONDRES   MONTRÉAL   SYDNEY

PREMIÈRE DE COUVERTURE : Fidel Castro présente la Deuxième déclaration de La Havane à la deuxième Assemblée générale nationale du peuple de Cuba réunie sur la Place de la révolution, le 4 février 1962. (*Bohemia*) Le document sera adopté par plus d'un million de Cubains et, au cours des jours suivants, par des centaines de milliers d'autres dans les usines, les champs, les écoles et des rassemblements à travers l'île.

QUATRIÈME DE COUVERTURE : Vue partielle de l'énorme rassemblement du 4 février 1962. (*Keystone/Getty Images*)

CONCEPTION GRAPHIQUE DE LA COUVERTURE : *Eva Braiman*

RÉDACTION : *Mary-Alice Waters*

Copyright © 2008 Pathfinder Press
Tous droits réservés / All rights reserved

ISBN 978-0-87348-997-3
Numéro de contrôle de la Bibliothèque du Congrès / Library of Congress Control Number 2008923970

Imprimé aux États-Unis. / Printed in the United States of America.

Première édition : 1995
Deuxième édition : 2008
Huitième tirage : 2023

PATHFINDER
www.pathfinderpress.com
Courriel : pathfinder@pathfinderpress.com

TABLE DES MATIÈRES

Préface
Mary-Alice Waters   11

Première déclaration de La Havane   29
2 septembre 1960

Deuxième déclaration de La Havane   43
4 février 1962

Chronologie   91

Glossaire   105

Index   113

Préface

CETTE NOUVELLE ÉDITION augmentée des Première et Deuxième déclarations de La Havane, en anglais, espagnol et français, a vu le jour à la foire internationale du livre du Venezuela en novembre 2006. Elle est le produit des discussions politiques variées qui ont entouré la présentation à Caracas des deux plus récents numéros de *Nueva Internacional*, une revue de politique et de théorie marxistes, ainsi que de plusieurs livres publiés par les éditions Pathfinder.

Aujourd'hui au Venezuela, un nombre substantiel de travailleurs, d'agriculteurs et de jeunes étudiants, ainsi que de minorités nationales opprimées d'origines multiples — africaine, indigène, chinoise, indienne, arabe et autre — sont en train de se politiser dans les luttes populaires qui ont été une force motrice de la politique vénézuélienne au cours de la dernière décennie. Des luttes pour la terre ; pour un plus grand contrôle des travailleurs sur les questions de sécurité, de cadence et de conditions de travail ; pour l'accès à l'éducation, à la santé, à l'eau, à l'électricité et au logement. Des luttes pour reprendre contrôle du vaste patrimoine des ressources naturelles du pays. La défense du droit souverain du Venezuela de tendre une main solidaire aux peuples opprimés et assiégés à travers les Amériques et le monde, y compris celui de collaborer avec le gouvernement et le peuple révolutionnaires de Cuba. La résistance au sabotage économique des capitalistes retranchés qui possèdent l'industrie, les institutions financières, la terre et les moyens de communication, ainsi qu'à leurs multiples tentatives de renverser le gouvernement démocratiquement élu du Venezuela. Des luttes marquées par une conscience populaire croissante des puissants intérêts impérialistes qui sont inextricablement liés à la classe capitaliste vénézuélienne et qui, en dernière analyse, en mènent la barque.

Plus d'une fois depuis 1998, ces conflits ont surgi et reflué, pour surgir à nouveau autour de questions diverses et dans différentes parties du pays, mettant à jour les profondes contradictions sociales et politiques qui les alimentent. Parmi les forces populaires les plus engagées, en particulier la jeunesse, le besoin d'une perspective de classe — une perspective socialiste révolutionnaire — a grandi et, avec lui, le besoin d'une connaissance élargie de l'histoire moderne des mouvements révolutionnaires populaires. Pourquoi certains ont-ils réussi alors que d'autres ont échoué ?

Ce besoin était évident parmi la foule qui se pressait aux kiosques et autres évènements de la foire du livre. Il a marqué les heures de discussions et de débats politiques ininterrompus qui ont eu lieu au kiosque exposant les livres, brochures et revues distribués par les éditions Pathfinder, où les titres les plus demandés ont été les plus récents numéros de *Nueva Internacional* contenant les articles « Le long hiver chaud du capitalisme a commencé » et « Notre politique commence avec le monde » de Jack Barnes.

Les questions débattues n'étaient pas insignifiantes.

Vaut-il encore la peine d'étudier, un siècle plus tard, le programme et le cours stratégique qui ont résulté dans la victoire des travailleurs et des agriculteurs lors de la révolution dirigée par les bolcheviks en octobre 1917, ainsi que les débats qui ont conduit à la formation d'une nouvelle Internationale révolutionnaire en 1919 — programme, cours et débats expliqués avec tant de clarté par Lénine ? Ou bien les forces de classe qui façonnent le monde du vingt et unième siècle sont-elles si fondamentalement différentes que la révolution russe et la trajectoire des cinq premières années de l'Internationale communiste sont totalement dépassées ? Est-ce que les assises politiques de l'activité révolutionnaire sont aujourd'hui les mêmes que celles présentées par Karl Marx et Friedrich Engels ?

Est-ce que la proportion décroissante des travailleurs ruraux souvent sans terre à travers l'Amérique latine par rapport à la taille croissante du prolétariat urbain et des couches de petits commerçants et de chômeurs transforme en anachronisme l'alliance des travailleurs et des agriculteurs ? Ou bien cette alliance demeure-t-elle centrale à la possibilité même d'une stratégie révolutionnaire victorieuse pour la classe ouvrière ?

Le capitalisme pourrait-il servir les intérêts des travailleurs en établissant des coopératives manufacturières, des entreprises cogérées ou d'autres arrangements semblables ? Ou bien les mécanismes du capital, expliqués par Marx il y a presque un siècle et demi, continueront-ils de dominer les relations sociales aussi longtemps que la classe ouvrière n'aura pas pris le pouvoir ?

Existe-t-il des couches progressistes de la classe capitaliste dans les pays sous-développés capables aujourd'hui de diriger les travailleurs militants dans la lutte contre la domination impérialiste ? Ou bien ces exploiteurs, quelle que soit leur rancoeur à l'endroit des chaînes des maîtres impérialistes, ne reculent-ils pas de frayeur devant les masses révolutionnaires et n'agissent-ils pas pour en réprimer les luttes ?

L'impérialisme a-t-il changé de pelage ? Ou bien une attaque violente et sanglante contre les conquêtes de la classe ouvrière n'est-elle pas inévitable quand les propriétaires voient une faiblesse leur offrant l'opportunité de repousser tout empiètement de leurs privilèges et prérogatives ?

Le socialisme est-il une série d'idées ? Ou bien, comme Marx et Engels l'ont souligné dans le *Manifeste du Parti communiste* et comme l'a confirmé dans le sang et la sueur un siècle et demi de luttes populaires, est-il la ligne de marche de la classe ouvrière vers le pouvoir, une ligne de marche issue « d'une lutte de classe existante, d'un mouvement historique qui s'opère sous nos yeux » ?

Nulle part ailleurs que dans les Première et Deuxième déclarations de La Havane, ce genre de questions auxquelles font face les hommes et les femmes qui sont sur la ligne de front des luttes en Amérique latine n'ont-t-elles été abordées avec une plus grande véracité et clarté. Les Première et Deuxième déclarations de La Havane ont été présentées par le premier ministre cubain Fidel Castro et adoptées par des Assemblées générales du peuple cubain regroupant plusieurs millions de personnes les 2 septembre 1960 et 4 février 1962. C'est pourquoi les éditions Pathfinder ont décidé de rendre ces déclarations largement disponibles aujourd'hui et de les présenter sous une forme qui les rende, elles et leurs interconnexions, plus transparentes et accessibles aux nouvelles générations militantes qui n'ont pas vécu les évènements révolutionnaires tumultueux dans le feu desquels ces documents ont été forgés et signés par des millions de Cubains.

Dans ce nouveau livre des éditions Pathfinder, on trouve plus d'une douzaine de pages de photos qui font revivre ces jours et les rendent plus compréhensibles aux lecteurs d'aujourd'hui ; une chronologie qui resitue dans l'histoire les déclarations et les évènements dont elles parlent en expliquant les références et les sous-entendus que ceux et celles qui entendaient ou lisaient ces mots il y a un demi-siècle comprenaient sans avoir besoin d'autres commentaires ; un glossaire et des notes identifiant les individus et les évènements historiques qui, autrement, ne seraient pas familiers aux lecteurs d'aujourd'hui ; et un index pour aider ceux et celles qui vont étudier et réétudier de près ces déclarations.

La Deuxième déclaration de La Havane est plus largement connue depuis son adoption il y a quelque 45 ans. Mais la publication, ensemble et dans l'ordre où elles ont été présentées, des Première et Deuxième déclarations de La Havane permet de nous placer à l'intérieur des points tournants historiques qui les lient.

La première Assemblée générale nationale du peuple cubain a été convoquée le 2 septembre 1960, pendant la plus intense période de mobilisation de masse que la révolution ait connue jusque-là. Dans les semaines qui ont précédé et suivi cet énorme rassemblement, en réponse à la multiplication des actes de terreur armée et de sabotage économique des impérialistes, des centaines de milliers de travailleurs ont pris le contrôle d'un nombre croissant d'entreprises industrielles à Cuba — l'une après l'autre, les usines étaient « intervenues », comme le disaient les travailleurs cubains, pour être ensuite nationalisées par le gouvernement révolutionnaire.

En juin 1960, trois importants cartels pétroliers appartenant à des intérêts impérialistes à Cuba ont annoncé leur refus de raffiner le pétrole acheté à l'Union soviétique. Les travailleurs cubains ont répondu en prenant contrôle des raffineries appartenant à Texaco, Standard Oil et Shell et commencé à raffiner eux-mêmes le pétrole. Quelques jours plus tard, le président U.S. Dwight D. Eisenhower a ordonné une action punitive, coupant de 95 pour cent le quota de sucre que Washington avait accepté d'importer au cours des derniers mois de 1960. Moins de 72 heures plus tard, l'Union soviétique a annoncé qu'elle achèterait de Cuba tout le sucre que les États-Unis refusaient d'acheter.

Dans toute l'île, les Cubains ont répondu en proclamant avec défi : « *Sin cuota pero sin bota* » — sans le marché U.S., mais sans non plus la botte impérialiste dans le cou.

Le 6 août, alors que s'accélérait le sabotage économique des capitalistes, le gouvernement révolutionnaire a adopté un décret expropriant les « avoirs et entreprises situés sur le territoire national […] qui sont propriété des personnes juridiques de nationalité U.S. » Les jours et les nuits qui ont suivi ont été surnommés à Cuba la Semaine de la jubilation nationale. Des dizaines de milliers de Cubains ont célébré en portant dans les rues de La Havane des cercueils contenant les restes symboliques de compagnies U.S. comme la United Fruit Company et l'International Telephone and Telegraph avant de les jeter à la mer.

À la fin du mois d'octobre, avec le soutien de leur gouvernement, les travailleurs et paysans cubains avaient pratiquement exproprié toutes les banques et industries appartenant à des intérêts impérialistes, ainsi que les plus grandes possessions de la classe capitaliste de Cuba, dont des icônes comme le rhum Bacardi. Combinées à la réforme agraire de 1959 — qui a exproprié des millions d'hectares des plus grandes propriétés foncières et donné des titres de propriété à quelque 100 000 paysans sans terre — ces actions ont transformé les relations de propriété à la ville et à la campagne, établissant de manière définitive le caractère socialiste de la révolution — la première de l'hémisphère — et rendant clair que le pouvoir d'État servait maintenant les intérêts historiques du peuple travailleur.

Plusieurs parmi le quasi-millier de jeunes de l'Amérique du Sud, des États-Unis, du Canada, de l'Union soviétique, de la Chine et d'ailleurs qui s'étaient rendus à Cuba pour assister au premier Congrès de la jeunesse latino-américaine ont participé aux côtés du peuple cubain aux événements marquant ce point tournant historique. Ce congrès avait débuté le 26 juillet 1960 dans les montagnes de la Sierra Maestra. Parmi ceux et celles qui, cet été-là, ont été convaincus de la nécessité, et de la possibilité, d'imiter la voie révolutionnaire initiée par le peuple cubain, il y avait plusieurs des futurs dirigeants de luttes révolutionnaires à travers les Amériques. Ceci comprenait de jeunes dirigeants du Parti socialiste des travailleurs (SWP) et de l'Alliance des jeunes socialistes (YSA) aux États-Unis.

C'est Che Guevara, dans son discours de bienvenue aux délégués du congrès de jeunesse le 28 juillet, qui leur a expliqué — et au monde — que « si cette révolution est marxiste — et notez bien que je dis marxiste — c'est parce qu'elle a aussi découvert, par ses propres méthodes, les voies indiquées par Marx. »

Alors que se déroulait cette transformation tumultueuse, les ministres des Affaires étrangères des pays membres de l'Organisation des États américains se sont rencontrés à San José, au Costa Rica, à la fin du mois d'août. Sous la houlette de Washington, ils ont adopté une résolution qui, sans une seule fois mentionner le nom de Cuba, a condamné « énergiquement l'intervention […] d'une puissance extracontinentale dans les affaires des républiques américaines » ; a rejeté « la tentative des puissances sino-soviétiques d'utiliser la situation politique, économique ou sociale de tout État américain » dans un cours pouvant mettre en danger « la paix et la sécurité de l'hémisphère » ; a déclaré que « le système interaméricain était incompatible avec toute forme de totalitarisme » [on ne pourrait que le souhaiter !] ; et a proclamé que « tous les États membres […] ont l'obligation de se soumettre à la discipline du système interaméricain. »

C'était la « Déclaration de San José, » à laquelle a répondu la « Déclaration de La Havane. » En « offrant son amitié au peuple U.S. — ce peuple des Noirs lynchés, des intellectuels persécutés et des ouvriers contraints d'accepter la direction de gangsters, » l'Assemblée générale nationale du peuple cubain a répondu de manière incisive que la domination impérialiste de l'Amérique du Sud et les politiques du gouvernement U.S. étaient ce qui menaçaient « la paix et la sécurité de l'hémisphère et du monde. »

L'assemblée a déclaré que « l'aide offerte spontanément par l'Union soviétique à Cuba dans l'éventualité où notre pays serait attaqué par les forces armées impérialistes ne pourra jamais être considérée comme un acte d'ingérence, mais constitue un geste évident de solidarité. » Et elle a proclamé ouvertement et publiquement « devant l'Amérique et le monde qu'elle accepte avec reconnaissance le soutien des fusées de l'Union soviétique si son territoire était envahi par les forces militaires des États-Unis. »

Elle a rejeté avec indignation le document autojustificateur de l'OÉA, écrit à l'instigation des États-Unis, qui prétendait que la révolution cubaine était le produit de l'intervention soviétique ou chinoise dans les Amériques plutôt que « la juste réponse de Cuba aux crimes et aux injustices commis par l'impérialisme en Amérique. » Elle a annoncé que le gouvernement cubain allait immédiatement établir des relations diplomatiques avec la République populaire de Chine et briser tous ses liens avec Taiwan.

Elle a dénoncé « l'exploitation de l'homme par l'homme et l'exploitation des pays sous-développés par le capital financier impérialiste » comme étant le véritable obstacle à la démocratie et à la liberté dans les Amériques et elle s'est engagée à ce que le peuple cubain n'abandonne pas ses frères et soeurs d'Amérique latine qui « saisissent les armes de la liberté. »

« La politique commence là où il y a des millions ; elle devient sérieuse là seulement où on compte par millions, et non par milliers » a rappelé Lénine aux délégués du congrès de 1918 du Parti communiste russe (bolchevique) quelques mois après le triomphe de la révolution d'octobre. C'est là la force qui se dégage des Première et Deuxième déclarations de La Havane, la force qui est évidente dans les photos inclues ici de ces énormes concentrations de travailleurs et de paysans — confiants, joyeux et déterminés, en train de décider de leur propre avenir.

L'année et demie qui s'est écoulée entre les Première et Deuxième déclarations a été avant tout marquée par la « politique sérieuse » de millions de personnes.

• En septembre 1960, le premier ministre cubain Fidel Castro présente le « Cas de Cuba » devant l'Assemblée générale des Nations unies, qu'il conclut en citant les dernières sections de la Première déclaration de La Havane résumant ce pour quoi se bat la révolution cubaine ;

- Des mobilisations accompagnent à travers l'île la loi de la Réforme urbaine du gouvernement révolutionnaire, qui nationalise le logement, réduit les loyers à dix pour cent du revenu familial et met fin, dans les termes mêmes de la Deuxième déclaration de La Havane, au « système abusif qui faisait du logement un moyen d'exploitation du peuple » ;
- Washington rompt ses relations diplomatiques avec La Havane ;
- 100 000 jeunes se mobilisent pour aller dans les coins les plus reculés de la campagne et des quartiers ouvriers lors de l'immense campagne qui élimine avec succès et en moins d'un an l'analphabétisme à Cuba (établissant le modèle que suivront les centaines de milliers de volontaires cubains, enseignants et travailleurs de la santé, qui au cours des décennies suivantes mettront leur formation au service des opprimés de l'impérialisme à travers le monde) ;
- L'invasion de Cuba à la baie des Cochons en avril 1961, organisée et financée par les États-Unis, se termine moins de soixante-douze heures plus tard dans une défaite ignominieuse avec la capitulation des mercenaires envahisseurs ;
- Les premiers *Freedom Rides* s'organisent dans le sud des États-Unis dans le but de contester la ségrégation de Jim Crow dans le transport public entre les États ;
- En août 1961, Che Guevara dénonce à Punta del Este, en Uruguay, la fraude que constitue l'« Alliance pour le progrès » que vient de lancer le gouvernement U.S. en Amérique latine ;

- Cuba entreprend sa première aide internationaliste en Afrique, avec l'envoi d'armes et de munitions au Front de libération nationale (FLN) d'Algérie en lutte contre la domination coloniale française, l'offre de soins médicaux aux combattants blessés, et l'hébergement et l'éducation d'orphelins de guerre ;
- Le 3 février 1962, le gouvernement U.S. impose un embargo commercial total contre Cuba.

Quelle est la réponse du peuple cubain à l'annonce que les ministres des Affaires étrangères de l'Organisation des États américains allaient se rencontrer à Punta del Este à la fin de janvier 1962 pour examiner la possibilité d'adopter des mesures collectives afin de contrer « la menace à la paix et à l'indépendance politique des États américains » que représente l'intervention de « pouvoirs extracontinentaux » ?

« Maintenant qu'ils préparent la scène pour présenter la farce des polichinelles, » annonce Fidel lors d'un rassemblement de masse le 2 janvier pour célébrer le troisième anniversaire de la victoire contre la tyrannie, « mobilisons-nous ! »

> Quel jour aura lieu la rencontre des ministres des Affaires étrangères ? Le 22 ? Bien donc, le 22, nous allons nous aussi nous réunir ici sur la Place de la révolution ! [*Applaudissements*] Le 22, nous allons convoquer la deuxième Assemblée générale du peuple de Cuba ! [*Applaudissements*] Et nous allons proclamer la Deuxième déclaration de La Havane ! [*Applaudissements*] Tout le peuple, ce ne sera pas seulement le peuple de La Havane. Les gens vont venir des autres provinces, tous ceux qui peuvent venir. Et ce sera l'événement le plus gigantesque

de la révolution, du peuple. [*Applaudissements*] Pour présenter au monde la Deuxième déclaration de La Havane, pour montrer aux impérialistes que nous sommes prêts à lutter et pour montrer aux polichinelles ce qu'est un peuple révolutionnaire, ce qu'est un peuple libre, ce qu'est un peuple héroïque ! [*Applaudissements*]

Le 4 février, plus d'un million de Cubains répondent à cet appel aux armes, répudiant dans les faits les résolutions adoptées quatre jours plus tôt par ce qu'ils décrivent comme le « ministère yankee des colonies. » La réunion des ministres des Affaires étrangères de l'OÉA à Punta del Este a condamné à l'unanimité une soi-disant « offensive subversive de gouvernements communistes » dont l'objectif « est la destruction des institutions démocratiques et l'établissement de dictatures totalitaires au service de pouvoirs extracontinentaux » ; déclaré que « l'actuel gouvernement de Cuba, qui s'est officiellement identifié comme un gouvernement marxiste-léniniste, est incompatible avec les principes et objectifs du système interaméricain ; expulsé Cuba de l'OÉA ; établi dans le Conseil de défense interaméricain un comité de surveillance contre la « subversion » doté de pouvoirs exécutifs ; et invité de manière pressante les États membres à prendre les mesures appropriées pour assurer leur défense individuelle et collective.

Comme l'a clarifié l'Assemblée générale nationale du peuple de Cuba, « Pour les impérialistes yankees, la subversion, c'est la lutte du peuple affamé pour le pain, c'est la lutte des paysans pour la terre, c'est la lutte des peuples contre l'exploitation impérialiste. Un comité de surveillance investi de pouvoirs exécutifs au sein du Conseil interaméricain de défense signifie une force de répression continentale contre le peuple, aux ordres du Pentagone. Des mesures collectives signifient des débarquements de *marines* yankees dans n'importe quel pays de l'Amérique. »

« Qu'est-ce qui se cache, a demandé l'assemblée, derrière la haine des Yankees envers la révolution cubaine ? » Qu'est-ce qui unit

> dans le même but agressif la puissance impérialiste la plus riche et la plus puissante du monde contemporain et les oligarchies de tout un continent [...] contre un petit peuple de seulement 7 millions d'habitants, économiquement sous-développé et qui n'a ni les ressources financières ni les moyens militaires de menacer la sécurité et l'économie d'aucun pays ?
>
> La peur les unit et les pousse. [...] Non pas la peur de la révolution cubaine, mais la peur de la révolution latino-américaine. [...] La peur que les peuples pillés du continent arrachent les armes à leurs oppresseurs et se déclarent, comme Cuba, peuples libres d'Amérique.

Au coeur de la Deuxième déclaration de La Havane, on trouve cette perspective de la lutte révolutionnaire pour arracher le pouvoir des capitalistes et le défendre les armes à la main. L'affirmation du courage et de l'organisation politique nécessaires pour accomplir cette tâche. La perspective ouverte par une vague montante de luttes révolutionnaires à travers les Amériques et l'exemple des travailleurs et agriculteurs cubains qui prouvent que « Oui, c'est possible. »

Il est difficile d'apprécier l'impact de la Deuxième déclaration de La Havane à l'époque sans rappeler que la nécessité, et la possibilité, que les peuples pillés du continent suivent la route vers le pouvoir des travailleurs et agriculteurs cubains est précisément ce que niaient — et craignaient — la grande majorité des partis en Amérique latine qui arboraient de manière frauduleuse l'étiquette d'ouvriers, de communistes ou de socialistes. « Le devoir de tout révolutionnaire est de faire la révolution, » pas de « s'asseoir sur le seuil de leur porte pour voir passer le cadavre de l'impérialisme » — pas d'attendre que mûrissent de soi-disant conditions objectives non mûres, ainsi que beaucoup de partis prétendaient faire. Cette déclaration retentissante soufflait comme un vent frais sur toutes les Amériques.

Plus important, la déclaration a en fait expliqué à l'avant-garde des travailleurs, agriculteurs et jeunes à l'esprit révolutionnaire de plus en plus engagés dans la lutte à travers les Amériques, y compris aux États-Unis, pourquoi les possibilités de succès restaient dans leurs mains et dans aucunes autres.

- Elle a expliqué pourquoi la bourgeoisie nationale est incapable de diriger une lutte contre la domination impérialiste « même quand ses intérêts sont en contradiction avec les siens, parce qu'elle est paralysée par la crainte de la révolution sociale et effrayée par la clameur des masses exploitées. »
- Elle a expliqué pourquoi aucune révolution ne pouvait réussir à moins que la classe ouvrière ne soit aussi capable de diriger la lutte à la campagne, forgeant et travaillant constamment à maintenir une puissante alliance de lutte avec la paysannerie, avec les peuples indigènes opprimés des Amériques, avec les Noirs, les Chinois et les autres

sections surexploitées de la population. Encore et encore, elle a souligné l'importance des luttes de masse menées par les Noirs dans le but d'abattre le système de ségrégation de Jim Crow aux États-Unis.

- Elle a expliqué comment on ne pouvait arriver à l'unité d'action des travailleurs contre l'impérialisme et ses agents, sans laquelle aucune victoire révolutionnaire n'est possible, sans éradiquer le sectarisme, le dogmatisme et les tentatives délibérées de semer la division qui sont contraires à la lutte commune.
- Elle a expliqué le « drame sanglant » que Washington et ses marionnettes préparaient pour l'Amérique latine — un drame qui est vite devenu beaucoup trop vrai — lorsque les grandes masses du continent ont commencé à se dresser dans la lutte et que l'illusion fatale de croire en la possibilité dans de telles conditions « d'arracher le pouvoir aux classes dominantes par des voies légales qui n'existent pas et n'existeront pas. Retranchées dans toutes les positions de l'État, ces classes […] défendront [leur pouvoir] par le sang et le feu en utilisant la force de leurs polices et leurs armées. »

Et elle a souligné que la victoire révolutionnaire de Playa Girón — la première défaite militaire de Washington dans les Amériques — était l'exemple que le peuple cubain a offert au monde prouvant que « la révolution est possible. »

◆

Ce sont les leçons que le peuple cubain écrivait lui-même dans le sang de ses propres luttes au cours des mois qui lient les Première et Deuxième déclarations de La Havane. Elles demeurent aussi vraies aujourd'hui qu'elles l'étaient il y a près de cinquante ans, aussi vraies qu'elles l'ont été depuis 1848.

C'est dans cet esprit qu'est publiée cette nouvelle présentation des Première et Deuxième déclarations de La Havane.

Et qu'elle est dédiée à ceux et celles qui vont l'utiliser.

Mary-Alice Waters

Janvier 2007

Première déclaration de La Havane

Première déclaration de La Havane

ADOPTÉE PAR L'ASSEMBLÉE GÉNÉRALE NATIONALE DU PEUPLE DE CUBA
2 SEPTEMBRE 1960

RÉUNI AUPRÈS DU MONUMENT et en la mémoire de José Martí à Cuba, territoire libre d'Amérique, et exerçant les pouvoirs inaliénables qui découlent de l'exercice effectif de la souveraineté exprimée par le suffrage universel, direct et public, le peuple s'est constitué en Assemblée générale nationale.

En son nom propre et en tant qu'interprète du sentiment des peuples de notre Amérique, l'Assemblée générale nationale du peuple de Cuba :

Premièrement. Dénonce en tous points la Déclaration de San José de Costa Rica, un document dicté par l'impérialisme U.S. et qui porte atteinte à l'autodétermination nationale, à la souveraineté et à la dignité des peuples frères du continent [1].

---

1. L'Organisation des États américains (OÉA) a tenu sa septième réunion consultative des ministres des Affaires étrangères des républiques américaines à San José, au Costa Rica, du 22 au 29 août 1960. Elle y a adopté la Déclaration de San José, qui affirme que tous les États membres sont « dans l'obligation de se soumettre à la discipline du système interaméricain. » La délégation cubaine a soumis une contre-résolution qui a été rejetée. Elle a alors quitté la réunion.

Première page de l'édition du 3 septembre 1960 de *Revolución*, le quotidien du Mouvement du 26 juillet, rapportant l'adoption de la Première déclaration de La Havane par l'Assemblée générale nationale du peuple de Cuba.

« Lors de la plus grande assemblée au monde, dit-elle, LE PEUPLE A DÉCIDÉ : d'approuver la « Déclaration de La Havane » ; de rejeter la déclaration de Costa Rica ; d'accepter l'aide de l'URSS et de la Chine ; de rompre le traité militaire avec les USA ; d'établir des relations avec la Chine populaire ; de mettre au défi les gouvernements latino-américains de convoquer leurs peuples ; de proclamer les droits de l'homme latino-américain. »

Deuxièmement. L'assemblée générale nationale du peuple de Cuba dénonce énergiquement l'intervention ouverte et criminelle exercée pendant plus d'un siècle par l'impérialisme U.S. contre tous les peuples d'Amérique latine, peuples qui ont vu plus d'une fois leur sol envahi — au Mexique, au Nicaragua, en Haïti, à Saint-Domingue et à Cuba. La voracité des impérialistes yankees les a dépouillés de régions étendues et riches comme le Texas, de centres stratégiques vitaux comme le canal de Panama ou a converti des pays entiers comme Porto Rico en territoires occupés. Enfin les *marines* [U.S.] leur ont fait subir un traitement ignoble en s'attaquant aussi bien à nos femmes et à nos filles qu'aux plus grands symboles de l'histoire de nos pays, comme le monument de José Martí [2].

Basée sur la supériorité militaire, sur des traités inégaux et sur la soumission misérable de gouvernements traîtres à leur peuple, cette intervention a transformé après plus de cent ans notre Amérique — l'Amérique que Bolívar, Hidalgo, Juárez, San Martín, O'Higgins, Sucre, Tiradentes et Martí voulaient libre — en une zone d'exploitation, en une chasse gardée de l'empire financier et politique des États-Unis, en une réserve de votes dans les organismes internationaux où nous, les pays latino-américains, avons fait figure de bêtes de somme du « Nord agité et brutal qui nous méprise [3]. »

---

2. Le 11 mars 1949, plusieurs *marines* U.S. ont été photographiés alors qu'ils escaladaient et urinaient sur la statue de José Martí dans le Parc central de La Havane. Quand la nouvelle de la profanation a commencé à se répandre, des manifestations de protestation ont éclaté. Fidel Castro en a été l'un des dirigeants.

3. Lettre de José Martí à Manuel Mercado en 1895. Voir p. 43-44.

L'Assemblée générale nationale du peuple déclare que pour des gouvernements qui assument officiellement la représentation des pays d'Amérique latine, accepter cette intervention continuelle et historiquement irréfutable revient à bafouer les idéaux d'indépendance de leurs peuples, à nier leur souveraineté et à empêcher une véritable solidarité entre nos pays. Cette assemblée se voit obligée de condamner cette intervention au nom du peuple cubain, porte-parole de l'espérance et de la détermination des peuples latino-américains et des accents libérateurs des pères immortels de notre Amérique.

La soumission de gouvernements traîtres a transformé notre Amérique en chasse gardée de l'empire yankee

Troisièmement. L'Assemblée générale nationale du peuple rejette également la tentative de maintenir la doctrine de Monroe, utilisée jusqu'à présent selon la prédiction de José Martí « pour étendre en Amérique la domination » des impérialistes rapaces et mieux injecter le venin aussi dénoncé à l'époque par José Martí — « le venin des emprunts, des canaux et des chemins de fer. » C'est pourquoi, face au panaméricanisme hypocrite qui n'est que la domination des monopoles yankees sur les intérêts de nos peuples et que la mainmise yankee sur des gouvernements prostrés devant Washington, l'Assemblée du peuple de Cuba proclame le latino-américanisme libérateur qui vibre chez Martí et Benito Juárez. Et en offrant son amitié au peuple U.S. — ce peuple des Noirs lynchés, des intellectuels persécutés et des ouvriers contraints d'accepter la direction de gangsters — elle réaffirme sa volonté de marcher « avec le monde entier et non avec une partie de celui-ci. »

Quatrièmement. L'Assemblée générale nationale du peuple déclare que l'aide offerte spontanément par l'Union soviétique à Cuba dans l'éventualité où notre pays serait attaqué par les forces armées impérialistes ne pourra jamais être considérée comme un acte d'ingérence, mais constitue un geste évident de solidarité. Cette aide offerte à Cuba en prévision d'une attaque imminente du Pentagone yankee honore autant le gouvernement de l'Union soviétique qui l'a offerte que les lâches et criminelles agressions contre Cuba déshonorent le gouvernement des États-Unis.

Par conséquent, l'Assemblée générale nationale du peuple déclare devant l'Amérique et le monde qu'elle accepte avec reconnaissance le soutien des fusées de l'Union soviétique si son territoire était envahi par les forces militaires des États-Unis.

Cinquièmement. L'Assemblée générale nationale du peuple de Cuba nie catégoriquement qu'il ait existé une quelconque prétention de l'Union soviétique et de la République populaire de Chine à « utiliser la position économique, politique et sociale » de Cuba « pour briser l'unité continentale et mettre en péril l'unité de l'hémisphère. »

Du premier au dernier coup de feu, du premier au dernier des 20 000 martyrs qui ont été le prix de la lutte pour renverser la tyrannie et conquérir le pouvoir révolutionnaire, de la première à la dernière loi révolutionnaire, du premier au dernier acte de la révolution, le peuple de Cuba a pris toutes ses décisions lui-même, avec une détermination absolue et libre. On ne peut en aucun cas accuser l'Union soviétique et la République populaire de Chine d'être responsables d'une révolution qui est la juste réponse de Cuba aux crimes et aux injustices commis par l'impérialisme en Amérique.

Au contraire, l'Assemblée générale nationale du peuple de Cuba estime que ce qui met plutôt en péril la paix et la sécurité de l'hémisphère et du monde, c'est la politique d'isolement et d'hostilité envers l'Union soviétique et la République populaire de Chine préconisée par le gouvernement des États-Unis et imposée par lui aux gouvernements d'Amérique latine, de même que l'attitude belliqueuse et agressive du gouvernement U.S. et son opposition systématique à l'entrée aux Nations unies de la République populaire de Chine, bien que celle-ci représente la quasi-totalité d'un pays de plus de 600 millions d'habitants[4].

Par conséquent, l'Assemblée générale nationale du peuple de Cuba réitère sa politique d'amitié envers tous les peuples du monde, réaffirme son intention d'établir également des relations diplomatiques avec tous les pays socialistes et dès lors, en vertu de sa souveraine et libre volonté, elle informe le gouvernement de la République populaire de Chine qu'elle veut établir des relations diplomatiques entre les deux pays et que, par conséquent, elle rompt les relations maintenues jusqu'à ce jour par Cuba avec le régime fantoche que les vaisseaux de la septième flotte yankee soutiennent à Formose.

Sixièmement. Sûre en le faisant d'exprimer un avis partagé par les peuples d'Amérique latine, l'Assemblée générale nationale du peuple réaffirme que la démocratie n'est pas compatible avec l'oligarchie financière, avec l'existence de la discrimination contre les Noirs, avec les excès du Ku

---

4. À ce moment-là, le siège de la Chine aux Nations unies était occupé par le gouvernement de Taiwan, aussi parfois désigné comme Formose. En 1971, la République populaire de Chine récupérera le siège.

Klux Klan et avec la persécution qui a privé de leur poste des savants comme Oppenheimer, qui a empêché pendant des années les gens d'entendre la voix merveilleuse de Paul Robeson, prisonnier dans son propre pays, et qui a conduit à la mort les époux Rosenberg malgré les protestations et l'horreur du monde entier et les appels à la clémence lancés par les gouvernants de divers pays et par le pape Pie XII.

Nous dénonçons l'exploitation de l'homme par l'homme et l'exploitation des pays sous-développés par le capital financier impérialiste

L'Assemblée générale nationale du peuple de Cuba exprime la conviction des Cubains que la démocratie ne saurait consister uniquement en l'exercice d'un vote électoral, qui est presque toujours fictif et géré par les grands propriétaires fonciers et les politiciens professionnels, mais plutôt dans le droit des citoyens de décider de leur propre destin, comme le fait en ce moment cette Assemblée générale du peuple. De plus, la démocratie n'existera en Amérique que le jour où le peuple sera réellement libre de choisir et où les humbles ne seront plus réduits à la plus abominable des impuissances par la faim, l'inégalité sociale, l'analphabétisme et les systèmes juridiques.

C'est pourquoi l'Assemblée générale nationale du peuple de Cuba :

Dénonce la grande propriété foncière, source de misère pour les paysans et système de production agricole rétrograde et inhumain. Dénonce les salaires de famine et l'exploitation injuste du travail humain par des intérêts illégitimes et privilégiés. Dénonce l'analphabétisme et le manque d'instituteurs, d'écoles, de médecins et d'hôpitaux, comme le manque de protection pour les vieillards qui caractérise les pays d'Amérique. Dénonce la discrimination du Noir et de l'Indien. Dénonce l'inégalité et l'exploitation de la femme. Dénonce les oligarchies politiques et militaires qui maintiennent nos peuples dans la misère et empêchent leur essor démocratique et le plein exercice de leur souveraineté. Dénonce la cession des ressources naturelles de nos pays aux monopoles étrangers, une politique d'abandon et de trahison des intérêts des peuples. Dénonce les gouvernements qui restent sourds à la voix de leurs peuples pour s'incliner devant les ordres de Washington. Dénonce la duperie systématique des peuples par des organes de diffusion soumis à l'intérêt des oligarchies et à la politique de l'impérialisme oppresseur. Dénonce le monopole de l'information détenu par les agences yankees, instruments des trusts U.S. et agents de Washington. Dénonce les lois répressives qui empêchent les ouvriers, les paysans, les étudiants et les intellectuels — la grande majorité de chaque pays — de s'organiser et de lutter pour leurs revendications sociales et nationales. Dénonce les monopoles et les entreprises impérialistes qui pillent continuellement nos richesses, exploitent nos ouvriers et nos paysans, saignent nos économies et les maintiennent arriérées et soumettent la politique de l'Amérique latine à leurs desseins et intérêts.

Enfin, l'Assemblée générale nationale du peuple de Cuba dénonce l'exploitation de l'homme par l'homme et l'exploitation des pays sous-développés par le capital financier impérialiste.

En conséquence, l'Assemblée générale nationale du peuple proclame devant l'Amérique :

Le droit des paysans à la terre. Le droit de l'ouvrier au fruit de son travail. Le droit des enfants à l'éducation. Le droit des jeunes au travail. Le droit des malades à une assistance médicale et à l'hospitalisation. Le droit des étudiants à un enseignement libre, expérimental et scientifique. Le droit des Noirs et des Indiens à « la pleine dignité de l'homme. » Le droit de la femme à l'égalité civile, sociale et politique. Le droit des personnes âgées à une vieillesse assurée. Le droit des intellectuels, des artistes et des scientifiques à lutter dans leurs travaux pour un monde meilleur. Le droit des États à nationaliser les monopoles impérialistes, récupérant ainsi les richesses et les ressources nationales. Le droit des pays au libre commerce avec tous les peuples du monde. Le droit des nations à leur pleine souveraineté. Et le droit des peuples à transformer les casernes en écoles et à armer les ouvriers, les paysans, les intellectuels, les étudiants, les Noirs, les Indiens, les femmes, les jeunes, les personnes âgées — tous les opprimés et exploités — afin de défendre eux-mêmes leurs droits et leur avenir.

Septièmement. L'Assemblée générale nationale du peuple de Cuba proclame :

Le devoir des ouvriers, des paysans, des étudiants, des intellectuels, des Noirs, des Indiens, des jeunes, des femmes et des personnes âgées de lutter pour leurs revendications économiques, politiques et sociales. Le devoir des nations opprimées et exploitées de lutter pour leur libération. Le devoir de chaque peuple d'être solidaire de tous les peuples opprimés, colonisés, exploités ou victimes d'une agression, peu importe où dans le monde et la distance géographique qui les sépare. Tous les peuples du monde sont frères !

Huitièmement. L'Assemblée générale nationale du peuple de Cuba réaffirme sa conviction que l'Amérique latine se mettra bientôt en marche, unie et victorieuse, libérée des liens qui transforment ses économies en richesse livrée à l'impérialisme U.S. et qui l'empêchent de faire entendre sa véritable voix dans les réunions où des ministres des Affaires étrangères domestiqués forment un choeur infâme avec le maître despote. Elle ratifie pour cette raison sa décision de travailler à ce destin commun latino-américain qui permettra à nos pays d'édifier une solidarité véritable reposant sur la libre volonté de chacun d'entre eux et sur les aspirations communes de tous. Dans la lutte pour cette Amérique latine libérée, face aux voix serviles qui usurpent leur représentation officielle, s'élève maintenant avec une force invincible la voix pure des peuples. C'est une voix surgie des entrailles de ses mines de charbon et d'étain, de ses usines et de ses centrales sucrières, de ses terres féodales où les *rotos*, les *cholos*, les *gauchos* et les *jibaros* [5], héritiers de Zapata et de Sandino, saisissent les armes de la liberté. Une voix qui résonne chez ses poètes et ses romanciers, chez ses étudiants, ses femmes et ses enfants, et ses vieillards privés de sommeil.

À cette voix fraternelle, l'Assemblée générale nationale du peuple de Cuba répond :

Présent ! Cuba ne faillira pas. Cuba est aujourd'hui ici pour ratifier, devant l'Amérique latine et le monde, comme un engagement historique, sa devise irrévocable :

---

5. Travailleurs ruraux du Chili, du Pérou, d'Argentine et de Porto Rico.

¡Patria o muerte! [La patrie ou la mort !]

Neuvièmement. L'Assemblée générale nationale du peuple de Cuba décide que cette déclaration sera connue sous le nom de « Déclaration de La Havane. »

La Havane, Cuba
Territoire libre d'Amérique
2 septembre 1960

Première page de l'édition du 5 février 1962 du quotidien cubain *Revolución*, rapportant l'adoption de la Deuxième déclaration de La Havane par l'Assemblée générale nationale du peuple de Cuba. La photo du haut montre le premier ministre Fidel Castro et le président Osvaldo Dorticós.

La manchette dit : « Cette grande humanité a dit « Assez ! » Plus de un million de personnes à l'assemblée. Nous résisterons dans tous les domaines. Le peuple entier approuve la Deuxième déclaration de La Havane. Les masses, le peuple livreront cette lutte. »

Deuxième déclaration de La Havane

Fidel Castro présente la Deuxième déclaration de La Havane.

Deuxième déclaration de La Havane

APPROUVÉE PAR L'ASSEMBLÉE GÉNÉRALE NATIONALE
DU PEUPLE DE CUBA
4 FÉVRIER 1962

DU PEUPLE DE CUBA aux peuples de l'Amérique et du monde.
Dans une lettre inachevée écrite le 18 mai 1895, la veille du jour où il allait mourir le coeur transpercé par une balle espagnole, José Martí, apôtre de notre indépendance, écrivait à son ami Manuel Mercado :

> Je peux écrire [que] je risque tous les jours ma vie pour mon pays et pour mon devoir [qui est] d'empêcher, pendant qu'il en est temps encore avec l'indépendance de Cuba, que les États-Unis ne s'étendent dans les Antilles et ne se jettent, avec cette force accrue, sur nos terres d'Amérique. Tout ce que j'ai fait jusqu'à ce jour et ferai, c'est dans ce but. […]
> Les mêmes obligations secondaires et publiques ont empêché les peuples plus particulièrement intéressés à prévenir que ne s'ouvre à Cuba, avec l'annexion des impérialistes, la route qu'il faut barrer et que nous sommes en train de barrer avec notre sang — celle de l'annexion des peuples de notre Amérique par le Nord

agité et brutal qui nous méprise — de donner leur adhésion ouverte et leur aide manifeste au sacrifice qui s'effectue en ce moment et pour eux.

J'ai vécu dans le monstre et je connais ses entrailles. Ma fronde est celle de David.

Déjà en 1895, Martí signalait le danger qui planait sur l'Amérique et appelait l'impérialisme par son nom : impérialisme. Il faisait remarquer que les peuples d'Amérique avaient plus que tout autres intérêt à ce que Cuba ne succombe pas à la convoitise yankee qui méprise les peuples de l'Amérique latine. Et de son propre sang, versé pour Cuba et pour l'Amérique, il a signé ces paroles posthumes, qu'en hommage à sa mémoire le peuple de Cuba inscrit aujourd'hui au début de cette déclaration.

Soixante-sept ans ont passé. Porto Rico a été transformée en colonie et demeure toujours une colonie saturée de bases militaires. Cuba est aussi tombée sous les griffes de l'impérialisme. Ses troupes ont occupé notre territoire. Il a imposé l'amendement Platt à notre première constitution, comme une clause humiliante consacrant le droit odieux d'intervention étrangère [1]. Nos richesses sont passées dans ses mains. Notre histoire a été falsifiée. Notre administration et notre politique ont été modelées entièrement dans les intérêts des interventionnistes. La nation a été soumise à 60 années d'asphyxie politique, économique et culturelle.

---

1. La dernière guerre pour l'indépendance de Cuba a été livrée de 1895 à 1898. Elle a immédiatement été suivie par l'occupation militaire du pays par les États-Unis. Voir le glossaire pour l'amendement Platt et les autres références historiques.

Mais Cuba s'est relevée. Cuba a pu se racheter de cette tutelle bâtarde. Cuba a rompu les chaînes qui liaient son sort à l'empire oppresseur, a récupéré ses richesses, a revendiqué sa culture et a déployé son drapeau souverain de territoire et de peuple libres d'Amérique.

Quelle est l'histoire de l'Amérique latine, si ce n'est l'histoire de l'exploitation impérialiste ?

Maintenant les États-Unis ne pourront jamais plus s'abattre sur l'Amérique en utilisant la force de Cuba. Par contre, dominant la majorité des États de l'Amérique latine, les États-Unis cherchent à s'abattre sur Cuba en utilisant la force de l'Amérique.

Quelle est l'histoire de Cuba, si ce n'est l'histoire de l'Amérique latine ? Et quelle est l'histoire de l'Amérique latine, si ce n'est l'histoire de l'Asie, de l'Afrique et de l'Océanie ? Et quelle est l'histoire de tous ces peuples, si ce n'est l'histoire de l'exploitation la plus inhumaine et la plus cruelle de l'impérialisme dans le monde entier ?

À la fin du siècle passé et au début de celui-ci, une poignée de nations économiquement développées avaient fini de se partager le monde, soumettant les deux tiers de l'humanité à leur domination économique et politique et la forçant de cette manière à travailler pour les classes dominantes du groupe de pays ayant une économie capitaliste développée.

Les circonstances historiques qui ont permis à certains pays européens et aux États-Unis d'Amérique du Nord d'atteindre un haut niveau de développement industriel les ont placés en position de pouvoir soumettre le reste du monde à leur domination et à leur exploitation.

Quels mobiles ont impulsé cette expansion des puissances industrialisées ? Était-ce des raisons d'ordre moral, « civilisatrices », comme elles le prétendaient ? Non, ce furent des raisons d'ordre économique.

Depuis la découverte de l'Amérique, qui a lancé les conquérants européens sur les mers pour occuper et exploiter les terres et les habitants des autres continents, la soif de richesse a été le mobile fondamental de leur conduite. La découverte de l'Amérique elle-même s'est produite en cherchant les routes les plus courtes vers l'Orient, dont les marchandises étaient payées à un prix très élevé en Europe.

Une nouvelle classe sociale, celle des commerçants et des producteurs d'articles manufacturés pour le commerce, a surgi au sein de la société féodale des seigneurs et des serfs dans la dernière période du moyen âge.

La soif de l'or a été le ressort qui a motivé les efforts de cette nouvelle classe. L'appât du gain a été le ressort de sa conduite à travers son histoire. Avec le développement de l'industrie manufacturière et du commerce, son influence sociale a augmenté. Les nouvelles forces productives qui se développaient au sein de la société féodale se sont heurtées de plus en plus aux relations de servage propres au féodalisme, à ses lois, à ses institutions, à sa philosophie, à sa morale, à son art et à son idéologie politique.

De nouvelles idées philosophiques et politiques, de nouvelles conceptions du droit et de l'État ont été proclamées par les représentants intellectuels de la classe bourgeoise. Parce qu'elles répondaient aux nouvelles nécessités de la vie sociale, elles ont peu à peu pénétré la conscience des masses exploitées. C'était alors des idées révolutionnaires qui s'opposaient aux idées périmées de la société féodale. Dirigés par la bourgeoisie, les paysans, les artisans et les ouvriers des manufactures ont renversé l'ordre féodal, sa philosophie, ses idées, ses institutions, ses lois et les privilèges de la classe dominante, c'est-à-dire de la noblesse héréditaire.

> **« Le capital, a écrit Karl Marx, est arrivé au monde dégoulinant de sang et de saleté par tous les pores, de la tête aux pieds »**

La bourgeoisie considérait alors la révolution comme juste et nécessaire. Elle ne pensait pas que l'ordre féodal pouvait et devait être éternel, comme elle le pense maintenant de son ordre social capitaliste.

Elle encourageait les paysans à se libérer de la servitude féodale, elle encourageait les artisans à lutter contre le régime des corporations et elle réclamait le droit au pouvoir politique. Les monarques absolus, la noblesse et le haut clergé défendaient âprement leurs privilèges de classe en invoquant le droit divin de la couronne et l'intangibilité de l'ordre social. Être libéral, proclamer les idées de Voltaire, de Diderot ou de Jean-Jacques Rousseau, les porte-parole de la philosophie bourgeoise, constituait alors pour les classes dominantes un délit aussi grave que pour la bourgeoisie d'être aujourd'hui socialiste et de proclamer les idées de Marx, Engels et Lénine.

Quand la bourgeoisie a conquis le pouvoir politique et établi sur les ruines de la société féodale son mode capitaliste de production, elle a érigé sur ce mode de production son État, ses lois, ses idées et ses institutions. Ces institutions ont consacré en premier lieu l'essence de sa domination de classe : la propriété privée.

Fondée sur la propriété privée des moyens de production et sur la libre concurrence, la nouvelle société est restée ainsi divisée en deux classes fondamentales : l'une possédant les moyens de production, toujours plus modernes et efficaces ; l'autre dépourvue de toute richesse, possédant seulement sa force de travail et obligée de la vendre sur le marché comme une autre marchandise pour pouvoir subsister.

Les entraves du féodalisme rompues, les forces productives se sont développées de manière extraordinaire. Les grandes usines ont surgi, où se sont concentrés un nombre toujours plus important d'ouvriers.

Les usines plus modernes et techniquement supérieures ont évincé du marché les concurrents les moins efficaces. Le coût des équipements industriels a constamment grandi. Il est devenu nécessaire d'accumuler des capitaux de plus en plus importants. Une partie importante de la production s'est concentrée dans un nombre plus restreint de mains. C'est ainsi que se sont formées les grandes entreprises capitalistes et plus tard se sont regroupées les grandes entreprises en cartels, syndicats, trusts et consortiums, selon le degré et le caractère de l'association, contrôlés par les propriétaires de la majorité des actions, c'est-à-dire par les plus puissants magnats de l'industrie. La libre concurrence qui avait caractérisé le capitalisme dans sa première phase a cédé le pas aux monopoles qui passaient des accords entre eux et contrôlaient les marchés.

D'où sont sorties les ressources colossales qui ont permis à une poignée de monopolistes d'accumuler des milliards de dollars ? Tout simplement de l'exploitation du travail humain. Obligés de travailler pour un salaire de subsistance, des millions d'hommes ont produit à même leurs efforts les gigantesques capitaux des monopoles. Les travailleurs ont amassé les fortunes des classes privilégiées, de plus en plus riches, de plus en plus puissantes. Par l'intermédiaire des institutions bancaires, ces dernières en sont arrivées à disposer non seulement de leur propre argent, mais aussi de l'argent de toute la société. Ainsi s'est produite la fusion des banques et de la grande industrie, ce qui a donné naissance au capital financier.

Que faire alors avec les grands surplus de capitaux qui s'accumulaient en quantité croissante ? Envahir le monde. Toujours en quête de gain, les monopoles ont commencé à s'approprier les richesses naturelles de tous les pays économiquement faibles et à exploiter le travail humain de leurs habitants avec des salaires beaucoup plus misérables que ceux qu'ils se voyaient obligés de payer aux ouvriers des métropoles. Ainsi a commencé le partage territorial et économique du monde. En 1914, de huit à dix pays impérialistes avaient soumis à leur domination économique et politique à l'extérieur de leurs frontières des territoires couvrant 83,7 millions de kilomètres carrés et dont la population était de 970 millions d'habitants. Ils s'étaient tout simplement partagé le monde.

Mais une fois le monde partagé jusqu'au dernier coin de la terre parce que sa superficie est limitée, les différents pays monopolistes se sont heurtés les uns aux autres. Des querelles ont surgi pour un nouveau partage, enracinées dans la répartition disproportionnée du pouvoir industriel et économique que les différents pays monopolistes avaient atteint dans leur développement inégal. Les guerres impérialistes ont éclaté, qui ont coûté à l'humanité 50 millions de morts, des dizaines de millions d'invalides et la destruction de richesses matérielles et culturelles incalculables. Avant que cela ne se produise, Marx avait déjà écrit que le capital est arrivé au monde « dégoulinant de sang et de saleté par tous les pores, de la tête aux pieds [2]. »

Après avoir donné tout ce dont il était capable, le système capitaliste de production est devenu un énorme obstacle au progrès de l'humanité. Mais depuis son origine, la bourgeoisie portait en elle son contraire. Dans son sein se sont développés de gigantesques instruments de production. Mais en même temps s'est développée une nouvelle et vigoureuse force sociale : le prolétariat, appelé à changer le système social déjà vieux et périmé du capitalisme par une forme économique et sociale supérieure et conforme aux possibilités historiques de la société humaine, en transformant en propriété de toute la société ces gigantesques moyens de production que le peuple, et personne d'autre que le peuple, avait créés et accumulés par son travail. À un tel degré de développement des forces productives, un régime fondé sur la propriété privée et sur la soumission économique de millions et de millions d'êtres humains aux diktats d'une minorité sociale infime est devenu absolument dépassé et anachronique.

---

2. Karl Marx, *Le Capital*, livre 1, Paris, Presses universitaires de France, 1993, p. 853.

Les intérêts de l'humanité exigeaient la fin de l'anarchie dans la production, du gaspillage, des crises économiques et des guerres de rapine propres au système capitaliste. Les besoins croissants du genre humain et la possibilité de les satisfaire exigeaient le développement planifié de l'économie et l'utilisation rationnelle de ses moyens de production et de ses ressources naturelles.

L'impérialisme et le colonialisme allaient inévitablement entrer dans une crise profonde et irrémédiable. La crise générale a commencé à la suite de la première guerre mondiale, avec la révolution des ouvriers et des paysans qui a renversé le pouvoir tsariste en Russie et implanté, dans des conditions très difficiles d'encerclement et d'agression capitalistes, le premier État socialiste du monde, initiant ainsi une nouvelle ère dans l'histoire de l'humanité. Depuis lors et jusqu'à nos jours, la crise et la décomposition du système impérialiste n'ont cessé de s'accentuer.

Déclenchée par les puissances impérialistes, la deuxième guerre mondiale a entraîné dans une lutte de libération sanglante l'Union soviétique et les autres peuples d'Europe et d'Asie criminellement envahis. Elle a culminé dans la déroute du fascisme, la formation du camp mondial du socialisme et la lutte pour la souveraineté des peuples coloniaux et dépendants. Entre 1945 et 1957, plus de 1,2 milliard d'êtres humains ont conquis leur indépendance en Asie et en Afrique. Le sang versé par les peuples ne l'a pas été en vain.

Le mouvement des peuples dépendants et colonisés est un phénomène de caractère universel qui ébranle le monde et marque la crise finale de l'impérialisme.

Cuba et l'Amérique latine font partie du monde. Nos problèmes font partie des problèmes engendrés par la crise générale de l'impérialisme et la lutte des peuples opprimés. C'est le choc entre le monde qui naît et le monde qui meurt. La campagne odieuse et brutale déchaînée contre notre patrie exprime l'effort désespéré autant qu'inutile déployé par les impérialistes pour empêcher la libération des peuples.

Nos problèmes sont nés du choc entre le monde qui naît et le monde qui meurt

Cuba fait particulièrement mal aux impérialistes. Qu'est-ce qui se cache derrière la haine des Yankees envers la révolution cubaine ? Qu'est-ce qui explique de manière rationnelle la conjuration qui unit dans le même but agressif la puissance impérialiste la plus riche et la plus puissante du monde contemporain et les oligarchies de tout un continent, qui ensemble prétendent représenter une population de 350 millions d'êtres humains, contre un petit peuple de seulement 7 millions d'habitants, économiquement sous-développé et qui n'a ni les ressources financières ni les moyens militaires de menacer la sécurité et l'économie d'aucun pays ?

La peur les unit et les pousse. La peur explique ce qu'ils font. Non pas la peur de la révolution cubaine, mais la peur de la révolution latino-américaine. Non pas la peur des ouvriers, des paysans, des étudiants, des intellectuels et des secteurs progressistes des couches moyennes qui ont pris le pouvoir de manière révolutionnaire à Cuba. Mais la peur que les ouvriers, les paysans, les étudiants, les intellectuels et les secteurs progressistes des couches moyennes prennent le pouvoir de manière révolutionnaire chez les peuples opprimés, affamés et exploités par les monopoles yankees et par l'oligarchie réactionnaire d'Amérique. La peur que les peuples pillés du continent arrachent les armes à leurs oppresseurs et se déclarent, comme Cuba, peuples libres d'Amérique.

En écrasant la révolution cubaine, ils espèrent dissiper la peur qui les tourmente, le spectre de la révolution qui les menace. En liquidant la révolution cubaine, ils espèrent liquider l'esprit révolutionnaire du peuple. Dans leur délire, ils prétendent que Cuba est une exportatrice de révolutions. Dans leur esprit de marchands et d'usuriers insomniaques naît l'idée que les révolutions peuvent s'acheter ou se vendre, se louer, se prêter, s'exporter ou s'importer comme une autre marchandise. Ignorant les lois objectives qui régissent le développement des sociétés humaines, ils croient que leurs régimes monopolistes, capitalistes et semi-féodaux sont éternels. Formés par leur propre idéologie réactionnaire, faite de superstition, d'ignorance, de subjectivisme, de pragmatisme et d'autres aberrations de la pensée, ils ont une image du monde et de la marche de l'histoire conforme à leurs intérêts de classes exploiteuses.

Ils s'imaginent que les révolutions naissent ou meurent dans le cerveau des individus ou sous l'effet des lois divines et qu'en plus, les dieux sont de leur côté. Ils l'ont toujours cru — depuis les patriciens dévots et païens de la Rome esclavagiste qui jetaient les premiers chrétiens aux lions du cirque, en passant par les inquisiteurs du moyen âge qui en tant que gardiens du féodalisme et de la monarchie absolue ont immolé sur le bûcher les premiers représentants de la pensée libérale de la bourgeoisie naissante, jusqu'aux évêques qui aujourd'hui lancent l'anathème contre les révolutions prolétariennes en défense du régime bourgeois et monopoliste.

Lorsque l'antagonisme entre les exploiteurs et les exploités arrive à son paroxysme, toutes les classes réactionnaires qui pressentent l'avènement d'un nouveau régime social ont eu recours à toutes les époques historiques aux pires armes de la répression et de la calomnie contre leurs adversaires. Elles ont conduit au martyre les premiers chrétiens en les accusant d'avoir incendié Rome et d'avoir sacrifié des enfants sur leurs autels. Les inquisiteurs ont conduit au bûcher en les accusant d'hérésie des philosophes comme Giordano Bruno, des réformateurs comme Huss et des milliers d'autres personnes non conformes à l'ordre féodal.

C'est sur les combattants prolétariens que s'abattent aujourd'hui la répression et le crime, précédés par les pires calomnies de la presse monopoliste et bourgeoise. À chaque époque de l'histoire, les classes dominantes ont toujours assassiné en invoquant « la défense de la société, de l'ordre et de la patrie » — leur « société » de minorités privilégiées contre les majorités exploitées, leur « ordre » de classe qu'elles maintiennent par le sang et par le feu contre les dépossédés, leur « patrie » dont elles sont les seules à jouir en privant de cette jouissance le reste du peuple. Tout cela pour réprimer les révolutionnaires qui aspirent à une société nouvelle, à un ordre juste, à une patrie véritablement pour tous.

Mais le développement de l'histoire, la marche ascendante de l'humanité, ne peut pas être et ne sera pas arrêtée. Les forces qui animent le peuple, qui est le véritable constructeur de l'histoire, sont déterminées par les conditions matérielles de son existence et par son aspiration à des buts supérieurs de bien-être et de liberté. Elles naissent quand les progrès de l'homme dans le domaine de la science, de la technique et de la culture le rendent possible. Elles sont supérieures à la volonté des oligarchies dominantes et à la terreur qu'elles déchaînent.

Que la révolution se fasse par des voies pacifiques ou vienne au monde après un enfantement douloureux ne dépend pas des révolutionnaires

Les conditions subjectives propres à chaque pays — c'est-à-dire le facteur conscient, l'organisation, la direction — peuvent accélérer ou retarder la révolution selon leur degré plus ou moins grand de développement. Mais tôt ou tard, à chaque époque historique, quand les conditions objectives mûrissent, la conscience s'acquiert, l'organisation se réalise, la direction surgit et la révolution se produit.

Que celle-ci se fasse par des voies pacifiques ou vienne au monde après un enfantement douloureux ne dépend pas des révolutionnaires. Cela dépend des forces réactionnaires de la vieille société, qui résistent à la naissance de la société nouvelle engendrée par les contradictions que porte en son sein la vieille société. La révolution est dans l'histoire comme le médecin qui assiste à la naissance d'une vie nouvelle. Il n'emploie pas sans nécessité le forceps, mais il l'emploie sans hésiter chaque fois que cela est nécessaire pour aider l'enfantement — un enfantement qui apporte aux masses asservies et exploitées l'espérance d'une vie meilleure.

Dans de nombreux pays d'Amérique latine, la révolution est aujourd'hui inévitable. Ce fait ne dépend pas de la volonté de quiconque. Il est déterminé par les conditions affreuses d'exploitation dans lesquelles vit l'homme américain, du développement de la conscience révolutionnaire des masses, de la crise mondiale de l'impérialisme et du mouvement de lutte universel des peuples asservis.

L'inquiétude qui se manifeste aujourd'hui est un symptôme sans équivoque de rébellion. On voit s'agiter les entrailles d'un continent qui a été le témoin de quatre siècles d'exploitation esclavagiste, semi-esclavagiste et féodale de l'homme, depuis ses habitants aborigènes et les esclaves amenés d'Afrique jusqu'aux noyaux nationaux qui ont surgi depuis : blancs, Noirs, mulâtres, métis et Indiens qui sont aujourd'hui frères dans le mépris, l'humiliation et le joug yankee, frères aussi dans l'espoir d'un lendemain meilleur.

Au début du siècle passé, les peuples de l'Amérique se sont libérés du colonialisme espagnol, mais pas de l'exploitation. Les grands propriétaires terriens féodaux ont assumé l'autorité des gouvernants espagnols. Les Indiens ont continué à subir une servitude pénible. L'homme latino-américain a continué sous une forme ou une autre à être un esclave. Et les espoirs minimes des peuples ont succombé sous le pouvoir des oligarchies et l'asservissement du capital étranger. Telle a été la vérité de l'Amérique, avec l'une ou l'autre nuance, avec l'une ou l'autre variante. Aujourd'hui, l'Amérique latine est écrasée par un impérialisme beaucoup plus féroce, beaucoup plus puissant et plus impitoyable que l'empire colonial espagnol.

Face à la réalité objective et historiquement inexorable de la révolution latino-américaine, quelle est l'attitude de l'impérialisme yankee ? Il se prépare à livrer une guerre coloniale contre les peuples d'Amérique latine. Il crée l'appareil répressif, les prétextes politiques et les instruments pseudo-légaux approuvés par les représentants des oligarchies réactionnaires pour réprimer par le sang et par le feu la lutte des peuples latino-américains.

L'intervention du gouvernement des États-Unis dans la politique intérieure des pays de l'Amérique latine est toujours plus ouverte et débridée.

Le Conseil interaméricain de défense par exemple a été et continue d'être le nid où sont formés les officiers les plus réactionnaires et pro-yankees des armées latino-américaines, utilisés par la suite comme instruments de putsch au service des monopoles.

Les missions militaires U.S. en Amérique latine constituent un appareil d'espionnage permanent dans chaque nation. Elles sont étroitement liées à l'Agence centrale de renseignements [CIA], inculquent aux officiers les sentiments les plus réactionnaires et essaient de transformer les armées en instruments de leurs intérêts politiques et économiques.

À l'heure actuelle, le haut commandement U.S. a organisé dans la zone du canal de Panama des cours spéciaux pour entraîner des officiers latino-américains à la lutte contre les guérillas révolutionnaires, dans le but de réprimer l'action armée des masses paysannes contre l'exploitation féodale à laquelle elles sont soumises.

Aux États-Unis mêmes, l'Agence centrale de renseignements a organisé des écoles spéciales pour entraîner des agents latino-américains aux méthodes les plus subtiles d'assassinat.

La liquidation physique des dirigeants anti-impérialistes constitue une politique déclarée des services militaires yankees.

Il est notoire que les ambassades yankees dans divers pays d'Amérique latine sont en train d'organiser, de préparer et d'équiper des bandes fascistes pour semer la terreur et attaquer les organisations ouvrières, étudiantes et intellectuelles. Ces bandes qui recrutent les fils de l'oligarchie, les lumpen et les gens ayant le pire caractère moral ont déjà commis de nombreux actes d'agression contre les mouvements de masse.

Rien n'est plus évident et dépourvu d'équivoque quant aux intentions de l'impérialisme que sa conduite lors des récents événements de Saint-Domingue[3]. Sans la moindre justification, sans même passer par le biais des relations diplomatiques avec cette république, les États-Unis ont stationné leurs navires de guerre devant la capitale dominicaine et déclaré avec leur insolence habituelle que si le gouvernement de Balaguer sollicitait une assistance militaire, ils débarqueraient leurs troupes à Saint-Domingue contre l'insurrection du peuple dominicain. Que le pouvoir de Balaguer soit complètement corrompu, que chacun des peuples souverains d'Amérique ait le droit de résoudre ses problèmes intérieurs sans intervention étrangère, qu'il existe

---

3. En novembre 1961, dans le contexte d'une rébellion croissante contre le gouvernement de Joaquín Balaguer soutenu par les États-Unis, Washington dépêche des navires de guerre au large des côtes de la République dominicaine. La rébellion avait été déclenchée par le retour à Saint-Domingue de deux frères de l'ancien dictateur Rafael Leónidas Trujillo, assassiné six mois plus tôt. En avril 1965, plus de 20 000 soldats U.S. envahiront la République dominicaine pour y écraser un soulèvement populaire dirigé par les partisans de Juan Bosch, dont le gouvernement avait été renversé par un coup d'État militaire deux ans plus tôt.

des principes internationaux et une opinion mondiale, qu'il existe même une OÉA — rien de tout cela n'est entré en ligne de compte dans les calculs des États-Unis.

Ce qui a compté, c'était leur volonté d'empêcher la révolution dominicaine et de répéter le débarquement odieux de leurs *marines,* sans autre prétexte ou prérequis pour justifier ce nouveau concept pirate du droit que le simple appel émanant d'un gouvernement tyrannique, illégitime et en crise. Le sens de ce geste ne doit pas échapper au peuple. En Amérique latine, il y a plusieurs gouvernants de ce genre prêts à employer les troupes yankees contre leur propre peuple lorsqu'ils font face à une crise.

Cette politique avouée de l'impérialisme U.S. d'envoyer des soldats pour combattre le mouvement révolutionnaire dans n'importe quel pays d'Amérique latine — c'est-à-dire pour y tuer des ouvriers, des étudiants, des paysans, des hommes et des femmes latino-américains — n'a d'autre but que de maintenir ses intérêts monopolistes et les privilèges de l'oligarchie traître qui le soutient.

Aujourd'hui on peut voir très clairement que les accords militaires signés par le gouvernement des États-Unis avec les gouvernements latino-américains — des accords plusieurs fois secrets, toujours dans le dos du peuple et invoquant des dangers extérieurs hypothétiques que personne n'a jamais vus nulle part — ont un objectif unique et exclusif : empêcher le peuple de lutter. Ces accords étaient dirigés contre le peuple, contre l'unique danger, le danger intérieur du mouvement de libération qui menacerait les intérêts yankees. Ce n'est pas sans raison que le peuple se demandait : Pourquoi tant d'accords militaires ? Pourquoi ces envois d'armes qui, bien que techniquement inadéquats dans une guerre moderne, sont malgré tout efficaces pour écraser des grèves, réprimer des manifestations populaires et ensanglanter le pays ? Pourquoi les missions militaires, le pacte de Rio de Janeiro et les mille et une conférences internationales [4] ?

Cuba parle pour les exploités de l'Amérique latine ; les États-Unis pour les exploiteurs

Depuis la fin de la deuxième guerre mondiale, les nations d'Amérique latine s'appauvrissent constamment. La valeur de leurs exportations baisse. Leurs importations s'effectuent à des prix plus élevés. Le revenu par habitant diminue. Les épouvantables taux de mortalité infantile ne diminuent pas. Le nombre d'analphabètes est plus élevé. Les gens manquent de travail, de terres, de logements décents, d'écoles, d'hôpitaux, de voies de communication et de moyens de subsistance. En revanche, les investissements U.S. dépassent 10 milliards de dollars.

L'Amérique latine fournit des matières premières à bon marché et achète des articles manufacturés à des prix élevés. Tout comme les premiers conquistadors espagnols échangeaient des miroirs et des bibelots aux Indiens contre de l'or et de l'argent, les États-Unis commercent de la même façon avec l'Amérique latine. Conserver ce flot de richesses,

---

4. Le Traité interaméricain d'assistance réciproque a été signé le 2 septembre 1947 à Rio de Janeiro au Brésil par 21 gouvernements, dont celui des États-Unis. Il établissait que toute attaque contre l'un des pays membres serait considérée comme une attaque contre tous les autres.

s'emparer de plus en plus des ressources de l'Amérique et exploiter son peuple souffrant — c'est ce qui se cache derrière les pactes militaires, les missions militaires et les intrigues diplomatiques de Washington.

Cette politique d'étranglement graduel de la souveraineté des nations latino-américaines et de liberté de mouvement pour intervenir dans leurs affaires intérieures a atteint son point culminant lors de la dernière réunion des ministres des Affaires étrangères [5]. À Punta del Este, l'impérialisme yankee a réuni les ministres des Affaires étrangères pour leur arracher — par des pressions politiques, un chantage économique sans précédent et la complicité d'un groupe de dirigeants les plus discrédités de ce continent — le renoncement à la souveraineté nationale de nos peuples et la consécration de l'odieux droit d'intervention yankee dans les affaires intérieures de l'Amérique : la soumission des peuples à la volonté universelle des États-Unis d'Amérique du Nord contre laquelle ont lutté tous nos grands hommes, de Bolívar à Sandino. Ni le gouvernement des États-Unis, ni les représentants des oligarchies exploiteuses, ni la grande presse réactionnaire vendue aux monopoles et aux seigneurs féodaux ne se sont cachés pour exiger ouvertement des accords qui équivalent à la suppression formelle du droit à l'autodétermination de nos peuples, effacé d'un trait

---

5. Du 22 au 31 janvier 1962, les ministres des Affaires étrangères de l'Amérique latine et des États-Unis se sont réunis à Punta del Este en Uruguay, sous le parrainage de l'Organisation des États américains. Cette réunion a expulsé Cuba de l'OÉA et fait appel au soutien de l'Amérique latine pour des actions militaires contre Cuba. Le président Osvaldo Dorticós dirigeait la délégation cubaine et a condamné les manœuvres de l'impérialisme.

de plume au cours de la conjuration la plus infâme dont se souvienne l'histoire de ce continent.

À huis clos, dans des conciliabules répugnants où le ministre yankee des colonies a consacré des journées entières à vaincre la résistance et les scrupules de quelques ministres des Affaires étrangères en faisant intervenir les millions de la trésorerie yankee dans un marchandage non dissimulé de votes, une poignée de représentants des oligarchies de pays qui, ensemble, ne représentent pas un tiers de la population du continent a imposé des accords qui servent sur un plat d'argent au maître yankee la tête d'un principe qui a coûté tout le sang de nos peuples depuis les guerres d'indépendance.

Avec des résultats aussi tristes et frauduleux, l'impérialisme a remporté une victoire à la Pyrrhus et il a essuyé un échec moral. L'unanimité a été brisée et le scandale a été universel. Mais tout cela ne diminue pas la gravité de ce que signifient, pour les peuples d'Amérique latine, des accords imposés à ce prix. Dans ce conclave immoral, la voix titanesque de Cuba s'est élevée sans faiblesse ni crainte pour mettre en accusation cette tentative monstrueuse devant tous les peuples d'Amérique et du monde et pour défendre courageusement et avec une dignité qui fera date dans les annales de l'histoire non seulement le droit de Cuba, mais aussi le droit abandonné de toutes les nations sœurs du continent américain.

La parole de Cuba n'a pu trouver d'écho au sein de cette majorité domestiquée, pas plus qu'elle n'a pu obtenir de réponse. Seul un silence impuissant a répondu à ses arguments destructeurs, à la clarté et au courage de ses paroles. Mais Cuba ne s'adressait pas aux ministres des Affaires étrangères. Cuba parlait pour le peuple et pour l'histoire, où ses déclarations trouveront un écho et une réponse.

À Punta del Este s'est déroulée une grande bataille idéologique entre la révolution cubaine et l'impérialisme yankee. Qui représentaient-ils là, pour qui chacun a-t-il parlé ?

Cuba représentait le peuple, les États-Unis représentaient les monopoles. Cuba a parlé au nom des masses exploitées de l'Amérique, les États-Unis au nom des intérêts oligarchiques exploiteurs et impérialistes. Cuba pour la souveraineté, les États-Unis pour l'intervention. Cuba pour la nationalisation des entreprises étrangères, les États-Unis pour de nouveaux investissements de capitaux étrangers. Cuba pour la culture, les États-Unis pour l'ignorance. Cuba pour la réforme agraire, les États-Unis pour la grande propriété foncière. Cuba pour l'industrialisation de l'Amérique, les États-Unis pour le sous-développement.

Cuba a parlé pour le travail créateur, les États-Unis pour le sabotage et la terreur contre-révolutionnaire que pratiquent leurs agents, pour la destruction de plantations de canne à sucre et d'usines, et pour les bombardements effectués par leurs avions pirates contre le travail d'un peuple pacifique. Cuba a parlé pour les alphabétiseurs assassinés, les États-Unis pour les assassins [6].

---

6. Au cours des premières années de la révolution, Washington a organisé, financé et approvisionné des bandes contre-révolutionnaires qui ont commis des actes de sabotage et de terreur dans les campagnes et les villes de Cuba.

Parmi leurs victimes, on compte neuf enseignants volontaires et leurs étudiants qui participaient à la campagne qui a éliminé en un an en 1961 l'analphabétisme de l'île. À la fin de cet effort, un million de Cubains avaient appris à lire et à écrire, largement grâce à la mobilisation de 100 000 jeunes qui se sont rendus dans les campagnes et les quartiers ouvriers isolés où ils ont vécus avec les paysans et les travailleurs.

Cuba a parlé pour le pain, les États-Unis pour la faim. Cuba pour l'égalité, les États-Unis pour les privilèges et la discrimination. Cuba pour la vérité, les États-Unis pour le mensonge. Cuba pour la libération, les États-Unis pour l'oppression. Cuba pour l'avenir lumineux de l'humanité, les États-Unis en faveur d'un passé sans espoir. Cuba a parlé pour les héros tombés à Girón pour sauver la patrie de la domination étrangère, les États-Unis pour les mercenaires et les traîtres qui servent l'étranger contre leur patrie[7]. Cuba pour la paix entre les peuples, les États-Unis pour l'agression et la guerre. Cuba a parlé pour le socialisme, les États-Unis pour le capitalisme.

Organisation des États américains : le ministère yankee des colonies

Les accords obtenus par les États-Unis grâce à des méthodes aussi honteuses et que le monde entier réprouve ne diminuent pas, mais accroissent l'autorité morale et le bon droit de Cuba et mettent à nu la lâcheté des oligarchies et leur trahison des intérêts nationaux. L'attitude de Cuba

---

7. Le 17 avril 1961, 1 500 mercenaires cubains ont envahi Cuba à la baie des Cochons, sur la côte sud de l'île. Organisée par Washington, l'action visait à établir un « gouvernement provisoire » qui aurait immédiatement fait appel à une intervention directe des États-Unis. Mais incapables de prendre pied, les envahisseurs ont été défaits en 72 heures par les milices et les Forces armées et la police révolutionnaires. Le 19 avril, les derniers se sont rendus à Playa Girón, qui est le nom que les Cubains utilisent pour désigner la bataille.

montre aux peuples le chemin de la libération et elle souligne la corruption des classes exploiteuses dont les représentants ont parlé à Punta del Este. L'OÉA a été démasquée pour ce qu'elle est : un ministère yankee des colonies, une alliance militaire, un appareil de répression contre le mouvement de libération des peuples latino-américains.

Cuba a vécu trois années de révolution sous le harcèlement incessant de l'intervention yankee dans nos affaires intérieures. Des avions pirates en provenance des États-Unis ont lancé du matériel inflammable et incendié des milliers d'*arrobas* de canne à sucre[8]. Des agents yankees ont commis des actes de sabotage international, comme l'explosion du cargo *La Coubre* qui a coûté des dizaines de vies cubaines[9]. Les services militaires des États-Unis ont parachuté des milliers d'armes U.S. de tout genre sur notre territoire pour fomenter la subversion. Des embarcations U.S. ont subrepticement introduit sur nos côtes des centaines de tonnes de matériel explosif et de machines infernales afin d'organiser le sabotage et le terrorisme. Un ouvrier cubain a été torturé à la base navale de Guantánamo, où il a été exécuté sans jugement aucun ni la moindre explication[10].

---

8. Une arroba pèse environ 12,5 kilos.

9. Le 4 mars 1960, le navire français *La Coubre* qui transporte des munitions belges achetées par Cuba explose dans le port de La Havane, tuant 101 personnes.

10. Le 19 octobre 1961, Rubén López Sabariego, un routier cubain, est arrêté par des soldats U.S. à la base navale U.S. de Guantánamo sur la côte sud de Cuba. Quelques jours plus tard, son corps portant des signes de torture sera retrouvé par d'autres travailleurs cubains sur un terrain appartenant à la base.

La base navale U.S. a été établie au cours de l'occupation du pays par les États-Unis au début du vingtième siècle. Selon les termes de

Notre quota de sucre a été supprimé brusquement et l'embargo sur les pièces de rechange et les matières premières pour les usines et sur les machines de fabrication U.S. a été décrété afin de ruiner notre économie [11]. Des navires armés et des bombardiers provenant de bases aménagées par le gouvernement des États-Unis ont attaqué par surprise des ports et des installations cubaines. Des troupes mercenaires organisées et entraînées par ce même gouvernement dans des pays d'Amérique centrale ont envahi notre territoire sur un ton de guerre, escortées par des navires de la flotte yankee et avec un appui aérien provenant de bases extérieures, ce qui a provoqué la perte de nombreuses vies et la destruction de biens matériels. Des contre-révolutionnaires cubains sont entraînés dans l'armée des États-Unis et de nouveaux plans d'agression se préparent contre Cuba.

Tout cela s'est produit de façon incessante pendant trois ans, au vu et au su de tout le continent, et l'OÉA n'est au courant de rien. Les ministres des Affaires étrangères se

---

l'accord imposé à Cuba, le bail de Washington sur la base est indéfini et ne peut être abrogé ou modifié que par accord mutuel. La base de Guantánamo est toujours en opération malgré l'opposition de la population et du gouvernement de Cuba.

11. Le quota de sucre correspondait à la quantité de sucre cubain que Washington autorisait à vendre sur le marché U.S. En juillet 1960, le gouvernement U.S. a ordonné de réduire de 700 000 tonnes le quota de Cuba, sabrant ainsi 95 pour cent des importations prévues pour le reste de l'année. Les importations de sucre cubain ont par la suite été complètement supprimées. En octobre 1960, Washington a décrété un embargo partiel sur le commerce avec Cuba. Le président Kennedy a imposé un embargo total le 3 février 1962, la veille de la présentation de la Deuxième déclaration de La Havane. Cet embargo brutal a été maintenu et renforcé depuis, avec le soutien des partis démocrate et républicain.

réunissent à Punta del Este et ne font aucun reproche au gouvernement des États-Unis ni aux gouvernements qui sont les complices matériels de ces agressions. Ils expulsent Cuba, le pays latino-américain victime, le pays attaqué.

Les États-Unis ont signé des pactes militaires avec des pays de tous les continents. Ils ont établi des blocs militaires avec chaque gouvernement fasciste, militariste et réactionnaire dans le monde aujourd'hui : l'OTAN, l'OTASE et la CENTO, à qui il faut ajouter maintenant l'OÉA. Ils interviennent au Laos, au Viêt-nam, en Corée, à Formose et à Berlin. Ils envoient ouvertement des navires à Saint-Domingue pour imposer leur loi et leur volonté. Et ils annoncent leur proposition d'utiliser leurs alliés de l'OTAN pour bloquer le commerce avec Cuba. Et l'OÉA n'est toujours pas au courant ! Les ministres des Affaires étrangères se réunissent et expulsent Cuba qui n'a signé aucun pacte militaire avec aucun pays. Ainsi le gouvernement qui organise la subversion dans le monde entier et forge des alliances militaires dans quatre continents fait expulser Cuba en l'accusant rien de moins que de subversion et de liens extracontinentaux.

Cuba est le pays latino-américain qui a transformé en propriétaires terriens plus de 100 000 petits agriculteurs [12]. Qui a donné du travail à l'année longue à tous les ouvriers agricoles dans les fermes et coopératives. Qui a transformé

---

12. La loi de la Réforme agraire du 17 mai 1959 a établi une limite de 30 caballerías (environ 1 000 acres ou 400 hectares) à la propriété individuelle de la terre. Son application a conduit à la confiscation des grandes propriétés foncières de Cuba, dont plusieurs appartenant à des compagnies U.S., qui sont passées aux mains du nouveau gouvernement. La loi a aussi distribué des titres de propriété sur les terres qu'ils travaillaient aux métayers, fermiers à bail et squatteurs.

les casernes en écoles. Qui a donné 70 000 bourses d'étude à des étudiants universitaires et à des élèves des écoles secondaires et techniques. Qui a créé des salles de classe pour toute la population scolaire et éradiqué totalement l'analphabétisme. Le pays qui a quadruplé les services médicaux, nationalisé les entreprises monopolistes et supprimé le système abusif qui faisait du logement un moyen d'exploitation du peuple. Qui a pratiquement éliminé le chômage, aboli la discrimination sur la base de la race ou du sexe et balayé le jeu, le vice et la corruption administrative. Le pays qui a armé le peuple et qui a fait une réalité de la jouissance des droits humains en libérant l'homme et la femme de l'exploitation, de l'absence de culture et de l'inégalité sociale. Qui s'est délivré de toute tutelle étrangère, qui a acquis une souveraineté totale et qui a établi les bases pour développer son économie afin de ne plus être un pays monoproducteur et exportateur de matières premières.

Et pourtant, c'est Cuba qui est expulsé de l'Organisation des États américains par des gouvernements qui n'ont même pas réalisé une seule de ces revendications pour leur peuple.

Comment pourront-ils justifier leur conduite devant les peuples de l'Amérique et du monde ? Comment pourront-ils nier que pour eux, la politique de la terre, du pain, du travail, de la santé, de la liberté, de l'égalité, de la culture, du développement accéléré de l'économie, de la dignité nationale, de la pleine autodétermination et de la souveraineté est incompatible avec l'hémisphère[13] ?

---

13. Les résolutions de Punta del Este répètent comme une litanie que le cours de Cuba est « incompatible avec les principes et les objectifs du Système interaméricain. »

« Dans cette lutte pour libérer l'Amérique latine, le peuple de Cuba répond : Présent ! Cuba ne faillira pas. »

Une partie de la foule d'un million de personnes à l'Assemblée générale nationale du peuple de Cuba. La pancarte à gauche dit : « Cuba, phare des libertés. » Celle du centre prévient les aspirants envahisseurs de Cuba : « Ceux qui viennent restent. »

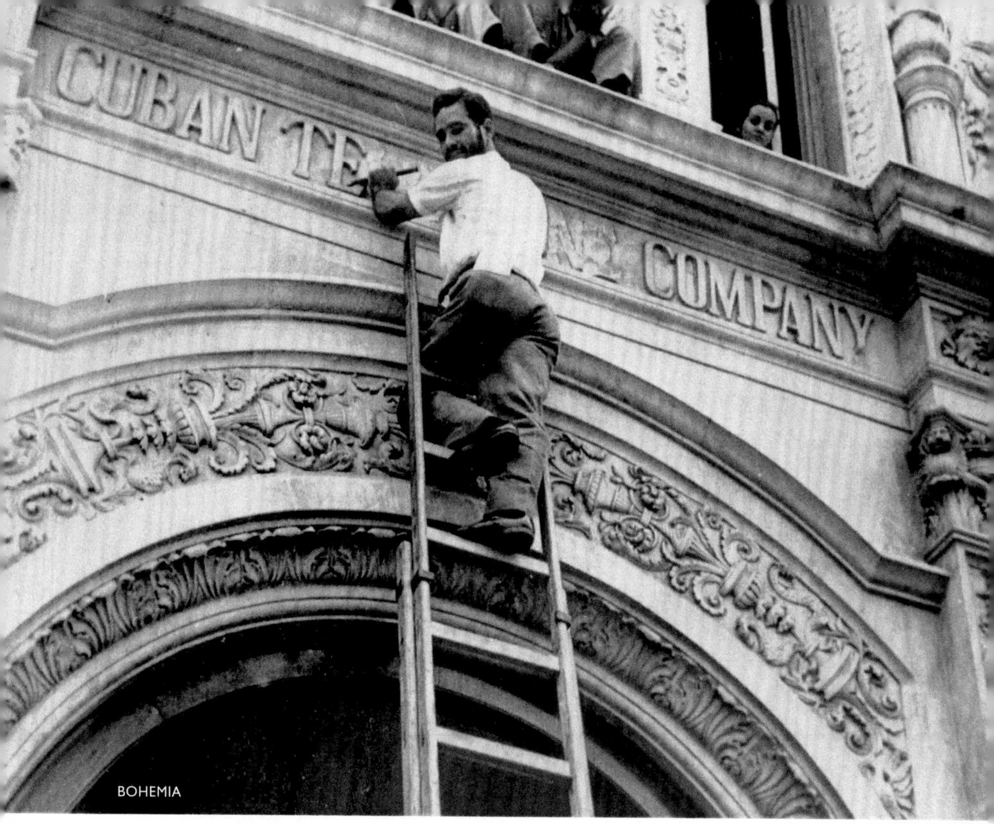

BOHEMIA

ARCHIVES GRANMA

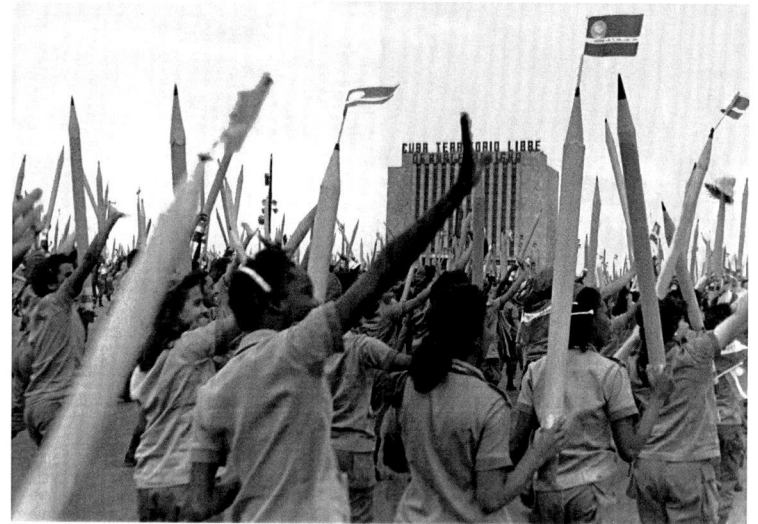

« Le peuple de Cuba a fait une réalité de la jouissance des droits humains en libérant l'homme et la femme de l'exploitation, de l'absence de culture et de l'inégalité sociale. »

Le peuple travailleur de Cuba résiste aux attaques contre-révolutionnaires de Washington et des capitalistes et propriétaires fonciers U.S. et cubains. Quand les travailleurs « interviennent » dans les lieux de travail pour combattre le sabotage économique, le gouvernement révolutionnaire nationalise entre août et octobre 1960 les entreprises U.S. et les cubaines de grande dimension.

En face, en haut. En août 1960, un travailleur du téléphone fait sauter à coups de burin le nom de la Cuban Telephone Company, autrefois propriété U.S. **En bas.** Des dizaines de milliers de jeunes volontaires célèbrent à La Havane en décembre 1961 le succès de la campagne d'alphabétisation qui a montré en un an à lire et à écrire à près d'un million de travailleurs et de paysans. Les contre-révolutionnaires soutenus par Washington tueront en 1961 neuf Cubains impliqués dans la campagne – volontaires et paysans. **Cette page, en haut.** Province de Camagüey, 1940. Des paysans sont chassés de leurs fermes. **En bas.** Dans le cadre de la loi de la réforme agraire de mai 1959, le gouvernement révolutionnaire distribue à 100 000 agriculteurs cubains les titres de propriété des terres qu'ils cultivent.

NUEZ / REVOLUCIÓN

« À Punta del Este, Cuba ne s'adressait pas aux ministres de l'OÉA. Cuba parlait pour le peuple et pour l'histoire, où ses déclarations trouveront un écho et une réponse. »

En face, en haut. Ernesto Che Guevara dénonce l'exploitation impérialiste de l'Amérique latine à la réunion de l'Organisation des États américains tenue à Punta del Este en Uruguay, en août 1961. Six mois plus tard, toujours à Punta del Este, l'OÉA expulsera Cuba sur l'ordre de Washington. **En bas.** Les journaux cubains ridiculisent l'OÉA comme une marionnette U.S. et une couverture des mercenaires qui ont envahi Cuba à Playa Girón. **Cette page.** Des mobilisations populaires condamnent les attaques U.S. à travers les Amériques au début des années 1960. **En haut.** Le comité Fair play pour Cuba proteste devant l'édifice des Nations unies à New York en novembre 1960. **Au centre.** À Caracas au Venezuela, le 26 juillet 1960. **En bas.** À La Paz en Bolivie, en avril 1961.

« *Là où la voie est fermée au peuple, il n'est pas correct d'entretenir parmi lui l'illusion qu'il est possible d'arracher le pouvoir aux classes dominantes par des voies légales. C'est un pouvoir que ces classes défendront par le sang et le feu.* »

Cette page, en haut. Rassemblement à Miami en décembre 1962. Le président U.S. John F. Kennedy célèbre le retour des mercenaires cubains capturés à Playa Girón. De gauche à droite : le contre-révolutionnaire Manuel Artime ; José Miró Cardona, le premier premier ministre de Cuba en 1959, que Fidel Castro remplacera en février ; J. F. Kennedy et la première dame Jacqueline Bouvier Kennedy. **En bas.** Le dictateur Fulgencio Batista reçoit un téléphone en or massif de la Compagnie de téléphone de Cuba, une entreprise U.S., en remerciement pour l'importante augmentation des tarifs qu'il avait autorisée en mars 1957. **En face, en haut et au centre.** Les forces armées, les milices et la police révolutionnaires de Cuba écrasent en avril 1961 une invasion de 1 500 mercenaires soutenus par Washington à Playa Girón dans la baie des Cochons. **En bas.** Des femmes affrontent à Saint-Domingue des soldats U.S. lors de l'invasion de la République dominicaine en avril 1965.

ARCHIVES GRANMA

BOHEMIA

EDITORIAL DE CIENCIAS SOCIALES

« Cette masse anonyme des Amériques commence maintenant à écrire sa propre histoire. »

En haut. Oruro, Bolivie, octobre 1964. Dynamite à la main, des mineurs d'étain protestent contre l'assassinat de manifestants étudiants. **Au centre.** Des syndicats paysans dans la vallée de La Convención au Pérou exigent des terres au début des années 1960. La bannière proclame : « La terre ou la mort, nous vaincrons. » **En bas.** En novembre 1959, des Panaméens revendiquent la souveraineté du canal contrôlé par les États-Unis.

En haut. Des manifestants font face aux lances d'incendie de la police durant la Bataille de Birmingham en Alabama en 1963, un haut fait du mouvement pour les droits civils aux USA qui a rivé l'attention du monde.
En bas. « Betancourt, le peuple t'a ramené d'exil… Maintenant tu es son assassin, » dit la pancarte de ce manifestant au Venezuela, qui dénonce des assassinats commis par la police en décembre 1960 à l'université de Caracas. À la suite du renversement populaire d'une dictature militaire en 1958, Rómulo Betancourt revient au Venezuela et devient le président d'un régime pro-U.S. qui recourt de plus en plus à la brutalité contre les travailleurs, les paysans et les jeunes luttant pour le progrès économique et social.

« Les révolutionnaires ne doivent pas s'asseoir sur le seuil de leur porte pour voir passer le cadavre de l'impérialisme. »

ARCHIVES GRANMA

Un million de Cubains envahissent la Place de la révolution le 4 février 1962 pour exprimer leur soutien à la Deuxième déclaration de La Havane et leur détermination à la mettre en application.

PHOTOS BOHEMIA

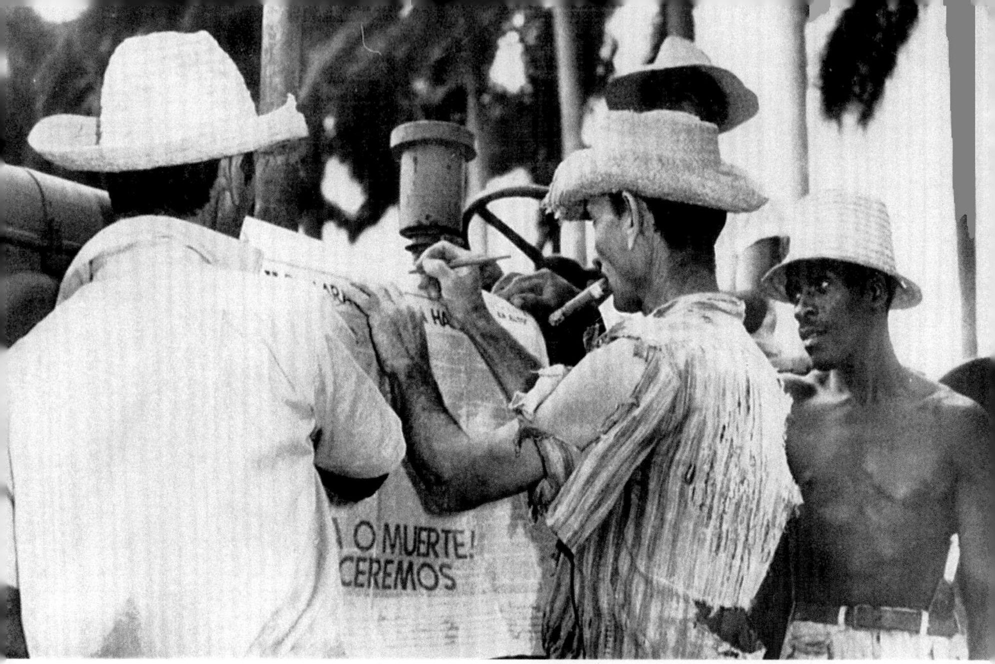

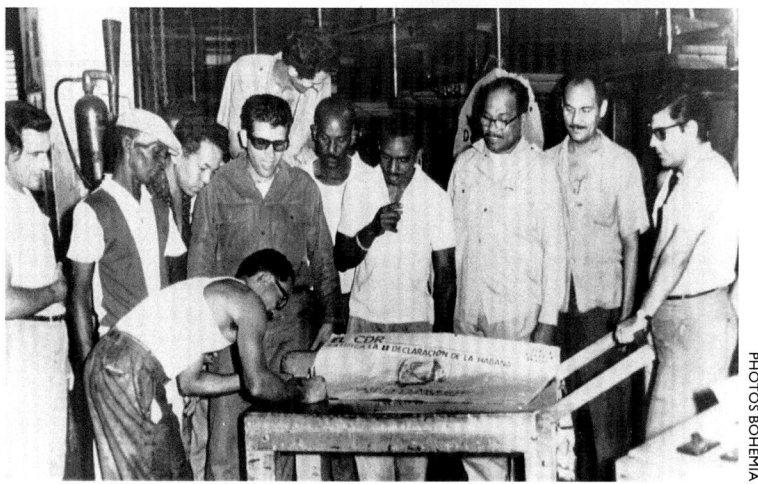

« Cette épopée qui s'ouvre devant nous va être écrite par nos peuples maltraités et méprisés par l'impérialisme, nos peuples méconnus jusqu'à aujourd'hui, que le capital monopoliste yankee voit déjà comme ses fossoyeurs. »

Une multitude de travailleurs et d'agriculteurs cubains signent la Deuxième déclaration de La Havane, ajoutant leur nom à la liste des fossoyeurs.

Une chaîne de mains s'étire presque inutilement depuis des siècles — oui, toujours inutilement. Elle s'étire au-dessus des monts et des pentes de la cordillère, tout au long des grands fleuves et à l'ombre des forêts, pour unir sa misère à celle d'autres qui périssent lentement : les tribus brésiliennes ; celles du nord du continent et de ses côtes ; les 100 000 Motilones du Venezuela, plongés dans le plus incroyable retard et sauvagement confinés dans les jungles de l'Amazonie ou dans les sierras de Perijá ; et les Wapishanas solitaires, qui attendent leur fin sur les terres chaudes des Guyanes, presque définitivement perdus pour le reste de l'humanité.

Oui, que peut offrir l'impérialisme à ces 32 millions d'Indiens dispersés depuis la frontière des États-Unis jusqu'aux confins de l'hémisphère sud et aux 45 millions de métis qui dans leur grande majorité ne sont guère différents des Indiens, à tous ces indigènes, à cette formidable richesse de travail et de droits piétinés ? Comment ces gens ignorés pourraient-ils espérer aucun bienfait de mains si ensanglantées ?

Des tribus entières qui vivent nues. D'autres que l'on pense anthropophages. D'autres qui meurent comme des insectes au premier contact de la civilisation conquérante. D'autres qui sont déracinées, c'est-à-dire expulsées de leurs terres et repoussées dans les forêts ou les montagnes, au fond de plaines où ne parvient pas la moindre trace de culture, de lumière, de pain ni de quoi que ce soit.

En quelle « alliance » — à moins qu'il ne s'agisse d'une alliance pour accélérer leur mort — vont donc croire ces races indigènes bastonnées pendant des siècles, abattues à coups de fusil pour occuper leurs terres, frappées à mort par milliers pour ne pas avoir travaillé plus vite au service de l'exploitation impérialiste ?

Et le Noir ? Quelle « alliance » peut offrir le système de lynchage et d'exclusion brutale des Noirs des États-Unis aux 15 millions de Noirs et aux 14 millions de mulâtres latino-américains qui savent avec horreur et colère que leurs frères du Nord ne peuvent monter dans les mêmes véhicules que leurs compatriotes blancs, ni aller aux mêmes écoles, ni même mourir dans les mêmes hôpitaux ?

Comment ces groupes ethniques abandonnés pourraient-ils croire en cet impérialisme, en ses bienfaits, en ses « alliances » — si ce n'est pour les lyncher ou les exploiter comme des esclaves ?

Ces masses qui n'ont pu jouir même modestement d'aucun bienfait culturel, social ou professionnel — bien qu'elles constituent la majorité ou se comptent par millions — sont maltraitées par les impérialistes déguisés en Ku Klux Klan. Elles sont confinées dans les quartiers les plus insalubres et dans les maisons collectives les moins confortables, faites pour elles. Elles sont poussées vers les occupations les plus ignobles, les travaux les plus rudes et les professions les moins lucratives, qui ne supposent aucun contact avec les universités, les grandes académies ou les écoles privées.

Quelle Alliance pour le progrès peut servir d'encouragement à ces 107 millions d'hommes et de femmes de notre Amérique, épine dorsale du travail dans les villes et les campagnes et dont la peau sombre — noire, métisse, mulâtre ou indienne — inspire le mépris aux nouveaux colonisateurs ? Comment vont-ils accorder leur confiance à la prétendue alliance, ceux qui ont vu avec une impuissance mal contenue qu'il existe à Panama un salaire pour le Yankee et un autre pour le Panaméen considéré comme appartenant à une race inférieure ?

Que peuvent espérer les ouvriers avec leurs salaires de famine, les tâches les plus rudes, les conditions les plus misérables, la malnutrition, les maladies et tous les maux engendrés par la misère ?

Comment les Noirs des États-Unis peuvent-ils croire aux bienfaits de l'impérialisme ?

Que peut-on leur dire, quelles paroles, quels avantages les impérialistes peuvent-ils offrir aux mineurs de cuivre, d'étain, de fer et de charbon qui perdent leurs poumons au profit de patrons lointains et sans clémence ? Aux parents et aux enfants des travailleurs des forêts, des grands vergers et des plantations de maté et de caoutchouc ? À ceux des travailleurs des brûleries de café et des centrales sucrières ? Et à ceux des *peones*, ces manoeuvres agricoles qui, dans les pampas et dans les plaines, amassent la fortune des exploiteurs au prix de leur santé et de leur vie ?

Que peuvent espérer ces multitudes immenses qui produisent les richesses, créent les valeurs, partout aident un monde nouveau à naître ? Que peuvent-elles espérer de l'impérialisme — cette bouche avide, cette main cupide — sans autre horizon immédiat que la misère, l'abandon le plus complet, la mort froide et anonyme à la fin ?

Que peut espérer cette classe qui a changé le cours de l'histoire dans d'autres régions du globe, qui a révolutionné le monde, qui est l'avant-garde de tous les humbles et exploités ? Que peut-elle espérer de l'impérialisme, son plus irréconciliable ennemi ?

Que peut offrir l'impérialisme ? Quelle sorte d'avantages, quelle chance d'une vie meilleure et plus juste, quel but, quel attrait, quel désir d'exceller, de dépasser les simples premiers échelons de leur carrière offre-t-il aux enseignants, aux professeurs, aux professionnels, aux intellectuels, aux poètes et aux artistes ? À ceux qui s'occupent avec dévouement des générations d'enfants et de jeunes dont l'impérialisme se gorge par la suite ? À ceux qui reçoivent des salaires dérisoires dans la plupart des pays ? À ceux qui voient restreindre presque partout leur droit d'expression politique et sociale ? À ceux dont l'avenir économique ne dépasse pas les simples limites de leurs ressources et pensions précaires, enterrés dans une vie grise et sans horizon qui se termine par une retraite qui ne couvre même pas la moitié de leurs dépenses ? Quels « avantages » ou quelles « alliances » l'impérialisme pourra-t-il leur offrir qui ne tournent pas à son complet profit ?

S'il crée des sources d'aide aux professions, aux arts et aux publications, il est toujours entendu que ces productions devront refléter ses intérêts, ses objectifs, son « néant ». Les romans qui tentent de refléter la réalité du monde de ses aventures rapaces ; les poèmes qui veulent traduire les protestations contre son asservissement, contre son ingérence dans la vie, dans l'esprit et dans la chair des pays et des peuples ; les arts combattants qui cherchent à saisir dans leur expression les formes et le contenu de son agression et la pression constante qu'il exerce sur tout ce qui vit et alimente de manière progressiste tout ce qui est révolutionnaire ; ce qui s'apprend ; ce qui tente de guider, plein de lumière et de conscience, de clarté et de beauté, les hommes et les peuples vers de meilleurs destins, vers les plus hauts sommets de la pensée, de la vie et de la justice — tout cela se heurte à la réprobation la plus acharnée de l'impérialisme, tout cela se heurte à la méfiance, à la condamnation et à la persécution du maccarthysme.

Il leur ferme ses presses. Il raye leur nom des colonnes. Et il leur applique la loi du silence la plus atroce. C'est alors une contradiction de plus du capitalisme lorsque l'écrivain, le poète, le peintre, le sculpteur, l'homme de science, tout créateur commencent à vivre vraiment, à vivre dans la langue du peuple, dans le coeur de millions d'hommes du monde. L'impérialisme transforme tout, déforme tout, canalise tout pour son profit et pour la multiplication de son dollar. Il achète les mots, les tableaux, le silence. Ou il condamne au silence l'expression des révolutionnaires, des hommes progressistes et de ceux qui luttent pour le peuple et ses problèmes.

En brossant ce sombre tableau, nous ne pouvions pas oublier l'enfance délaissée et abandonnée, l'enfance sans avenir de l'Amérique.

L'Amérique qui est un continent au taux de natalité élevé a également un taux de mortalité élevé. Le taux de mortalité chez les enfants de moins d'un an dans onze pays s'élevait, il y a quelques années, à 125 pour 1 000. Dans 17 autres pays, il était de 90 pour 1 000. Par contre, dans 102 autres pays du monde, ce taux n'atteint que 51. En Amérique malheureusement, 74 enfants sur 1 000 meurent sans soins au cours de leur première année d'existence. Il existe des pays latino-américains où, dans certains endroits, ce taux s'élève à 300 pour 1 000. En Amérique, des milliers et des milliers d'enfants de moins de sept ans meurent de maladies incroyables comme la diarrhée, la pneumonie, la malnutrition et la faim. Des milliers et des milliers d'autres meurent d'autres maladies, sans soins hospitaliers ni médicaments. Des milliers et des milliers d'autres se meuvent, affectés de crétinisme endémique, de paludisme, de trachome et d'autres maux provoqués par la contagion ou le manque d'eau et d'autres nécessités.

Des maux de cette nature sont une entrave dans les pays américains où agonisent des milliers et des milliers d'enfants, fils de parias, fils de pauvres gens et de petits-bourgeois à la vie dure et aux ressources précaires. Les statistiques, qui seraient superflues, glacent le sang. N'importe quelle publication officielle des organismes internationaux les compile par centaines.

Au niveau de l'éducation, on s'indigne à penser au niveau d'inculture qui accable cette Amérique. Alors qu'aux États-Unis la scolarité parmi la population âgée de 15 ans et plus atteint la moyenne de 8 à 9 ans d'étude, la moyenne de la scolarité en Amérique latine qu'ils saccagent et pillent est de moins d'une année d'étude pour les mêmes âges. Et l'indignation croît plus encore quand on sait que dans certains pays seulement 20 pour cent des enfants âgés de 5 à 14 ans sont inscrits dans une école. Cette proportion atteint 69 pour cent dans les pays où le niveau de fréquentation scolaire est le plus élevé. Ce qui veut dire que plus de la moitié des enfants en Amérique latine ne fréquente pas d'école.

Mais la douleur continue à croître quand nous constatons que l'inscription dans les trois premières années du primaire représentent plus de 80 pour cent des inscrits au primaire et qu'en sixième la fréquentation scolaire fluctue à peine entre 6 et 22 pour cent des élèves qui ont commencé en première. Même dans les pays qui croient le mieux prendre soin de leur jeunesse, le pourcentage d'abandon scolaire entre la première et la sixième année atteint une moyenne de 73 pour cent. À Cuba avant la révolution, cette moyenne était de 74 pour cent. Dans la Colombie de la « démocratie représentative », elle atteint 78 pour cent. Et si l'on jette un coup d'oeil dans les campagnes, on verra que dans le meilleur des cas, seulement 1 pour cent des enfants se rendent en cinquième année.

Quand on cherche les causes de ce désastre qu'est l'absentéisme scolaire, on ne trouve qu'une explication : l'économie de la misère. Manque d'écoles, manque d'enseignants, manque de ressources familiales, travail des enfants. En définitive, l'impérialisme et son oeuvre d'oppression et d'obscurantisme.

Un fait résume le cauchemar qu'a vécu d'un bout à l'autre l'Amérique. Dans ce continent de près de 200 millions d'êtres humains, dont les deux tiers sont constitués par les Indiens, les métis, les Noirs — par les « discriminés » — dans ce continent de semi-colonies meurent de faim, de maladies curables ou de vieillesse prématurée près de 4 personnes par minute, 5 500 par jour, 2 millions par an, 10 millions par cinq ans. Ces décès pourraient être facilement évités, mais cependant ils se produisent. Les deux tiers de la population latino-américaine vit peu et vit sous la menace permanente de la mort. C'est un holocauste de vies humaines qui, en 15 ans, a occasionné deux fois plus de morts que la guerre de 1914 et qui se poursuit.

Entre-temps, un torrent continu d'argent s'écoule de l'Amérique latine vers les États-Unis : quelque 4 000 $ par minute, cinq millions par jour, deux milliards par an, dix milliards par cinq ans. Pour chaque millier de dollars qu'on nous enlève, on nous laisse un mort. Mille dollars par mort :

voilà le prix de ce qu'on appelle l'impérialisme ! Mille dollars par mort, quatre fois par minute !

Voilà la réalité américaine. Mais alors, pourquoi se sont-ils réunis à Punta del Este ? Peut-être pour apporter le moindre soulagement à ces maux ? Non !

Les révolutions ne s'exportent pas, c'est le peuple qui les fait

Le peuple sait qu'à Punta del Este, les ministres des Affaires étrangères qui ont expulsé Cuba se sont réunis pour renoncer à leur souveraineté nationale. Le gouvernement des États-Unis y est allé pour jeter les bases non seulement de l'agression contre Cuba, mais aussi pour intervenir dans n'importe quel pays d'Amérique contre le mouvement de libération des peuples. Il sait que les États-Unis préparent un drame sanglant pour l'Amérique latine. Que les oligarchies exploiteuses n'hésiteront pas à solliciter l'intervention des troupes yankees contre leur propre peuple, de la même manière qu'elles renoncent aujourd'hui au principe de la souveraineté. Et qu'à cette fin, la délégation U.S. a proposé la création au sein du Conseil interaméricain de défense d'un comité de surveillance contre la subversion investi de pouvoirs exécutifs et l'adoption de mesures collectives. Pour les impérialistes yankees, la subversion, c'est la lutte du peuple affamé pour le pain, c'est la lutte des paysans pour la terre, c'est la lutte des peuples contre l'exploitation impérialiste.

Un comité de surveillance investi de pouvoirs exécutifs au sein du Conseil interaméricain de défense signifie une force de répression continentale contre le peuple, aux ordres du Pentagone. Des mesures collectives signifient des débarquements de *marines* yankees dans n'importe quel pays de l'Amérique.

Devant l'accusation que Cuba veut exporter sa révolution, nous répondons : les révolutions ne s'exportent pas ; c'est le peuple qui les fait.

Ce que Cuba peut donner aux peuples, ce qu'elle leur a déjà donné, c'est son exemple.

Et qu'enseigne la révolution cubaine ? Que la révolution est possible, que le peuple peut la faire, que dans le monde contemporain, il n'existe pas de forces capables d'arrêter le mouvement de libération des peuples.

Notre triomphe n'aurait jamais été possible si la révolution elle-même n'avait été inévitablement destinée à surgir des conditions inhérentes à notre réalité économique et sociale, une réalité plus aiguë encore dans de nombreux pays d'Amérique latine.

Il arrive inévitablement que dans les pays où le contrôle des monopoles yankees est plus fort, où l'exploitation de l'oligarchie est plus impitoyable et où la situation des masses ouvrières et paysannes est plus insupportable, le pouvoir politique se montre plus féroce. L'état de siège devient habituel, on réprime par la force toute manifestation de mécontentement des masses et la voie démocratique se ferme complètement. Le caractère de dictature brutale qu'assume le pouvoir des classes dominantes devient plus évident que jamais. C'est alors que le soulèvement révolutionnaire du peuple devient inévitable.

Et s'il est vrai que dans les pays sous-développés de l'Amérique, la classe ouvrière est en général relativement petite, à cause des conditions inhumaines dans lesquelles elle vit, il existe une classe sociale qui constitue une force potentielle sous la direction des ouvriers et des intellectuels révolutionnaires et qui a une importance décisive dans la lutte pour la libération nationale : les paysans.

Dans nos pays se combinent une industrie sous-développée et un régime agraire de caractère féodal. C'est pour cela que malgré toute la dureté des conditions d'existence des ouvriers urbains, la population rurale vit dans des conditions d'oppression et d'exploitation encore pires. Mais c'est aussi, sauf exceptions, le secteur absolument majoritaire dont la proportion dépasse parfois 70 pour cent des populations latino-américaines [15].

Si on met de côté les grands propriétaires terriens qui souvent résident dans les villes, le reste de cette grande masse gagne sa subsistance en travaillant comme travailleurs agricoles dans les haciendas à des salaires de misère ou en travaillant la terre dans des conditions d'exploitation qui n'ont rien à envier à celles du moyen âge. Ce sont ces circonstances qui font qu'en Amérique latine la population pauvre des campagnes constitue une très grande force révolutionnaire en puissance.

Structurées et équipées pour la guerre conventionnelle, les armées sont la force sur laquelle repose le pouvoir des classes exploiteuses. Elles deviennent absolument impuissantes quand elles ont à faire face à la lutte irrégulière des paysans opérant sur leur propre terrain. Elles perdent dix hommes pour chaque combattant révolutionnaire qui tombe. La démoralisation s'étend rapidement dans leurs rangs face

---

15. En 2000, près de quatre décennies plus tard, 77 pour cent de la population d'Amérique latine vit dans les villes.

à un ennemi invisible qui ne leur offre pas l'occasion de mettre en oeuvre les tactiques d'académie et les fanfaronnades de guerre dont elles font un tel étalage pour réprimer les ouvriers et les étudiants des villes.

Effrayée par la révolution sociale, la bourgeoisie de l'Amérique latine ne peut diriger la lutte anti-impérialiste

La lutte initiale de petits noyaux de combattants se nourrit constamment de nouvelles forces. Le mouvement de masse commence à se déclencher. Et le vieil ordre craque peu à peu en mille morceaux. C'est à ce moment que la classe ouvrière et les masses urbaines décident de la bataille.

Qu'est-ce qui rend ces premiers noyaux invincibles dès le début même de la lutte, malgré le nombre, la puissance et les ressources de l'ennemi ? L'appui du peuple. Et ils pourront compter sur cet appui des masses d'une manière toujours croissante.

À cause de l'ignorance où on la maintient et de l'isolement où elle vit, la paysannerie est une classe qui a besoin de la direction révolutionnaire et politique de la classe ouvrière et des intellectuels révolutionnaires. Sans elle, elle ne pourra se lancer seule dans la lutte et remporter la victoire.

Dans les conditions historiques actuelles de l'Amérique latine, la bourgeoisie nationale ne peut pas diriger la lutte antiféodale et anti-impérialiste. L'expérience démontre que, dans nos pays, cette classe a toujours été incapable d'affronter l'impérialisme yankee même quand ses intérêts sont en contradiction avec les siens, parce qu'elle est paralysée par la crainte de la révolution sociale et effrayée par la clameur des masses exploitées.

Devant le dilemme : impérialisme ou révolution, seules ses couches les plus progressistes seront avec le peuple.

Le rapport de force actuel dans le monde et le mouvement universel de libération des peuples coloniaux et dépendants montrent leur vrai rôle à la classe ouvrière et aux intellectuels révolutionnaires de l'Amérique latine : celui de se placer résolument à l'avant-garde de la lutte contre l'impérialisme et le féodalisme.

Utilisant les grands monopoles cinématographiques, ses agences de presse, ses revues, ses livres et ses journaux réactionnaires, l'impérialisme a recours aux mensonges les plus subtils pour semer le divisionnisme et inculquer dans les esprits des plus ignorants la peur et la superstition des idées révolutionnaires — qui ne peuvent et ne doivent effrayer que les intérêts des puissants exploiteurs et leurs privilèges séculaires.

Le divisionnisme, qui est le produit de toutes sortes de préjugés, d'idées fausses et de mensonges ; le sectarisme ; le dogmatisme ; une vision étroite pour analyser le rôle qui correspond à chaque couche sociale, à ses partis, à ses organisations et à ses dirigeants : voilà qui rend difficile l'unité d'action indispensable entre les forces démocratiques et progressistes de nos peuples. Ce sont des défauts de croissance et des maladies infantiles du mouvement révolutionnaire qu'il faut laisser derrière soi.

Dans la lutte anti-impérialiste et antiféodale, il est possible de consolider l'immense majorité du peuple derrière des objectifs de libération qui unissent les efforts de la classe ouvrière, des paysans, des travailleurs intellectuels, de la petite bourgeoisie et des couches les plus progressistes de la bourgeoisie nationale. Ces secteurs comprennent l'immense majorité de la population et regroupent de grandes forces sociales capables de balayer la domination impérialiste et la réaction féodale. Dans ce large mouvement, peuvent et doivent lutter ensemble pour le bien de leurs nations respectives, pour le bien de leurs peuples et pour le bien de l'Amérique aussi bien le vieux militant marxiste que le catholique sincère qui n'a rien à voir avec les monopoles yankees et les seigneurs féodaux de la terre.

Le devoir de tout révolutionnaire est de faire la révolution

Ce mouvement pourrait entraîner dans son sillage les éléments progressistes des forces armées, également humiliées par les missions militaires yankees, la trahison des intérêts nationaux par les oligarchies féodales et l'abandon de la souveraineté nationale aux diktats de Washington.

Là où la voie est fermée au peuple, où la répression des ouvriers et des paysans est féroce, où la domination des monopoles yankees est la plus forte, le plus important est d'abord de comprendre qu'il n'est ni juste ni correct d'entretenir parmi le peuple l'illusion vaine et commode qu'il est possible d'arracher le pouvoir aux classes dominantes par des voies légales qui n'existent pas et n'existeront pas. Retranchées dans toutes les positions de l'État, ces classes monopolisent l'instruction. Elles possèdent tous les moyens d'expression. Elles contrôlent des ressources financières infinies. C'est un pouvoir que les monopoles et les oligarchies défendront par le sang et le feu en utilisant la force de leurs polices et leurs armées.

Les exploités de l'Amérique ont commencé à écrire leur propre histoire

Le devoir de tout révolutionnaire est de faire la révolution. On sait que la révolution triomphera en Amérique et dans le monde. Mais les révolutionnaires ne doivent pas s'asseoir sur le seuil de leur porte pour voir passer le cadavre de l'impérialisme. Le rôle de Job ne cadre pas avec celui d'un révolutionnaire. Chaque année gagnée pour la libération de l'Amérique signifie des millions d'enfants gagnés à la vie, des millions d'intelligences gagnées à la culture, des torrents infinis de douleur que le peuple s'épargne. Les impérialistes yankees préparent un drame de sang pour l'Amérique. Mais ils ne réussiront pas à écraser les luttes populaires. Au contraire, ils susciteront contre eux la haine universelle. Ce sera aussi le drame qui marquera la fin de leur système cupide et réactionnaire.

Aucun peuple de l'Amérique latine n'est faible, car il appartient à une famille de 200 millions de frères qui subissent les mêmes misères, nourrissent les mêmes sentiments, ont le même ennemi, rêvent tous du même avenir meilleur et comptent sur la solidarité de tous les hommes et femmes honnêtes du monde entier.

Si grande qu'ait été l'épopée de l'indépendance de l'Amérique latine, si héroïque qu'ait été cette lutte, une épopée plus grande et plus décisive encore pour l'humanité incombe à la génération latino-américaine d'aujourd'hui. La première lutte a été livrée pour nous libérer du pouvoir colonial espagnol, d'une Espagne décadente et envahie par les armées de Napoléon. Aujourd'hui, il nous appartient de lutter pour notre libération contre la métropole impériale la plus puissante du monde, contre la force la plus importante du système impérialiste mondial, et de rendre ainsi à l'humanité un service encore plus grand que celui que lui ont rendu nos ancêtres.

Mais cette lutte, encore plus que la précédente, ce sont les masses qui vont la livrer. C'est le peuple qui va la livrer. Le peuple y jouera un rôle beaucoup plus important qu'alors. Les hommes, les dirigeants importent et importeront moins dans cette lutte qu'ils n'ont importé dans celle du passé.

Cette épopée qui s'ouvre devant nous va être écrite par les masses affamées d'Indiens, de paysans sans terre, d'ouvriers exploités. Elle va être écrite par les masses progressistes et par les intellectuels honnêtes et brillants qui abondent tant sur nos terres souffrantes d'Amérique latine. Ce sera une lutte de masses et d'idées. Une épopée que porteront de l'avant nos peuples maltraités et méprisés par l'impérialisme, nos peuples méconnus jusqu'à aujourd'hui, mais qui commencent à lui enlever le sommeil. L'impérialisme nous considérait comme un troupeau impuissant et soumis. Maintenant il commence à avoir peur de ce troupeau, ce troupeau gigantesque de 200 millions de Latino-américains que le capital monopoliste yankee voit déjà comme ses fossoyeurs.

On n'a pas compté, on a peu compté avec cette humanité laborieuse, avec ces être exploités de manière inhumaine, avec ces gens très pauvres menés avec la méthode du fouet et du contremaître. Depuis l'aube de l'indépendance, leur destinée a été la même : Indiens, gauchos, métis, zambos, quarterons ou blancs sans biens ni rentes [16]. Toute cette masse humaine qui a formé les rangs de la « patrie » dont elle n'a jamais profité. Qui est tombée par millions. Qui a été mise en pièces. Qui a gagné son indépendance de la métropole au profit de la bourgeoisie. Qui a été chassée des terres qu'elle avait reçues en partage. Qui continue d'occuper la dernière place dans les services sociaux. Et qui continue de mourir de faim, de maladies curables, du manque de soins parce qu'elle manque toujours des simples choses qui peuvent lui sauver la vie : un simple pain, un lit d'hôpital, un médicament qui guérit, une main qui secourt.

Mais l'heure de sa revendication, l'heure qu'elle-même s'est choisie, sonne aussi maintenant, avec précision, d'un bout à l'autre du continent. Maintenant, cette masse anonyme, cette Amérique de couleur, sombre, taciturne, qui chante à travers tout le continent avec la même tristesse et le même désespoir — cette masse commence maintenant sa propre histoire. Elle commence à l'écrire avec son sang. Elle commence à souffrir et à mourir pour elle.

Car maintenant, dans les champs et les montagnes d'Amérique, aux flancs de ses collines, à travers ses plaines

---

16. Les gauchos sont des travailleurs agricoles et d'élevage des pampas d'Argentine, d'Uruguay et du sud du Brésil. Meztisos est le terme utilisé en Amérique latine pour décrire les gens qui ont une origine partiellement indienne ; zambos, les personnes d'origine mixte africaine et indienne ; et quarterons, les personnes ayant un grand-parent noir.

et ses forêts, dans le silence ou dans le tumulte de ses villes, sur le rivage de ses grands océans et fleuves commence à s'ébranler ce monde pleins de raisons, les poings brûlants du désir de mourir pour ce qui lui appartient et de conquérir ses droits bafoués par les uns et les autres depuis bientôt 500 ans. Maintenant, oui, l'histoire devra tenir compte des pauvres de l'Amérique, des exploités et des humiliés de l'Amérique latine, qui ont décidé de commencer à écrire eux-mêmes et pour toujours leur histoire. Maintenant, on les voit sur les chemins aller réclamer jour après jour leurs droits à des « olympes » gouvernants, à pied, en d'interminables marches de centaines de kilomètres.

Maintenant, de tous les côtés, armés de pierres, de bâtons et de machettes, on les voit chaque jour occuper des terres, planter leurs crocs dans les terres qui leur appartiennent et les défendre parfois au prix de leur vie. On les voit brandir leurs pancartes, leurs drapeaux et leurs consignes et les faire claquer au vent à travers les montagnes ou le long des plaines. Et cette vague de rancoeur frémissante, de justice réclamée, de droit piétiné qui commence à s'élever des terres de l'Amérique latine, cette vague ne s'arrêtera plus.

Cette vague va grandir chaque jour qui passe. Car cette vague est formée du plus grand nombre, la majorité sous tous les rapports : ceux qui par leur travail accumulent les richesses, créent les valeurs, font tourner les roues de l'histoire et qui se réveillent maintenant du long sommeil abrutissant où on les avait plongés.

Car cette grande humanité a dit « Assez ! » et elle s'est mise en marche. Et cette marche de géants ne s'arrêtera plus avant de conquérir la véritable indépendance, pour laquelle ils sont morts plus d'une fois inutilement. Maintenant en tout cas, ceux qui mourront mourront comme ceux de Cuba, ceux de Playa Girón. Ils mourront pour leur unique, véritable et indéfectible indépendance.

¡*Patria o muerte* ! [La patrie ou la mort !]
¡*Venceremos* ! [Nous vaincrons !]

Le peuple de Cuba
La Havane, Cuba
Territoire libre d'Amérique
4 février 1962

L'Assemblée générale nationale du peuple de Cuba proclame que cette déclaration sera appelée la Deuxième déclaration de La Havane, qu'elle sera traduite dans les principales langues et répandue dans le monde entier. Elle a également résolu de demander à tous les amis de la révolution cubaine en Amérique latine de la diffuser le plus largement possible dans les masses ouvrières, paysannes, étudiantes et intellectuelles des peuples frères de ce continent.

Chronologie et Glossaire

ARCHIVES GRANMA

Manifestation et rassemblement de 100 000 personnes, le 10 février 1962 à Santiago de Cuba. De nombreuses actions comme celle-ci sont organisées à travers Cuba en appui à la Deuxième déclaration de La Havane.

CHRONOLOGIE

1952

10 mars – Ancien président et homme fort de Cuba, Fulgencio Batista effectue un coup d'État qui renverse le gouvernement élu de Carlos Prío. Avec le soutien de Washington, il établit une dictature militaire de plus en plus brutale, étroitement liée à plusieurs des familles les plus riches du pays et aux intérêts commerciaux U.S. à Cuba.

9 avril – Un soulèvement révolutionnaire en Bolivie renverse la dictature militaire et porte au pouvoir un gouvernement bourgeois. La révolte armée est dirigée par les mineurs d'étain, à l'avant-garde d'un mouvement syndical allié aux organisations paysannes. Le nouveau gouvernement nationalise les plus grandes mines d'étain, légalise les syndicats, initie une réforme agraire et abolit l'obligation de savoir lire et écrire qui nie en fait le droit de vote à la majorité indigène du pays.

1953

26 juillet – Visant à déclencher une insurrection contre la dictature de Batista, quelque 160 révolutionnaires organisés et dirigés par Fidel Castro attaquent la garnison militaire de la Moncada à Santiago de Cuba et celle de la ville voisine de Bayamo. Ils échouent et plus de 50 révolutionnaires sont assassinés après avoir été capturés. Fidel Castro et 27 autres combattants sont par la suite capturés, jugés et condamnés jusqu'à 15 ans de prison.

27 juillet – Un armistice met fin à la guerre de Corée, qui fait rage depuis trois ans. Les travailleurs et paysans coréens et l'Armée populaire de libération de Chine infligent sa première défaite militaire à l'impérialisme U.S., empêchant Washington de renverser le gouvernement du nord de la Corée et d'attaquer le régime ouvrier et paysan en Chine.

1954

7 mai – Dans une défaite historique pour le colonialisme français en Indochine, les forces françaises se rendent à Diên Biên Phu aux combattants du mouvement de libération nationale du Viêt-nam dirigé par le Parti communiste. Lors d'une conférence à Genève, Moscou donne son aval à une proposition de partition du Viêt-nam mise de l'avant par les impérialismes U.S., britannique et français. Un régime soutenu par Washington est imposé dans le sud.

Juin-septembre – Visant à écraser les luttes ouvrières, paysannes et étudiantes au Guatemala et à repousser les premières mesures d'une réforme agraire, des mercenaires soutenus par la CIA envahissent le pays dans le but de renverser le gouvernement de Jacobo Arbenz. Ce dernier rejette les appels à armer la population pour lui permettre de résister. Il démissionne le 27 juin et fuit bientôt le pays. Des forces de droite organisées et soutenues par la CIA entrent dans la ville de Guatemala en août.

1er novembre – Début de la guerre d'indépendance de l'Algérie. Les combattants du Front de libération nationale (FLN) s'attaquent à la domination coloniale française.

1955

15 mai – À la suite d'une campagne d'amnistie nationale, libération de Fidel Castro et des autres moncadistes emprisonnés. En quelques semaines, ce dernier dirige l'unification de plusieurs organisations révolutionnaires au sein du nouveau Mouvement révolutionnaire du 26 juillet. En juillet, il se rend au Mexique avec d'autres combattants pour préparer la reprise de la lutte armée révolutionnaire contre la tyrannie de Batista.

5 décembre – Le boycott du transport public commence à Montgomery en Alabama. C'est la naissance du mouvement de masse prolétarien dirigé par les Noirs qui renversera la ségrégation raciale dite de Jim Crow dans le Sud des États-Unis. Le boycott se termine un an plus tard avec l'abolition des mesures forçant les Noirs à aller s'asseoir à l'arrière des autobus.

1956

Juillet-décembre – En réponse à une recrudescence du sentiment et des activités anti-impérialistes en Égypte, le gouvernement de Gamal Abdel Nasser nationalise le canal de Suez, largement possédé et contrôlé par des capitaux britanniques et français. Exerçant la nouvelle prédominance qu'il s'est taillée au Moyen-Orient aux dépends des anciennes puissances européennes, Washington condamne l'intervention en Égypte des troupes britanniques, françaises et israéliennes, les obligeant à se retirer.

2 décembre – Partis du Mexique à bord du yacht *Granma*, 82 membres du Mouvement du 26 juillet — dont les moncadistes Fidel Castro, Raúl Castro et Juan Almeida, et le médecin argentin Ernesto Che Guevara — débarquent à Cuba pour lancer une guerre révolutionnaire. Naissance de l'Armée rebelle.

1957

Septembre – Suite au jugement de la Cour suprême des États-Unis interdisant en 1954 la ségrégation raciale dans les écoles, l'école secondaire Central High School de Little Rock en Arkansas admet neuf étudiants noirs. Le gouverneur de l'État répond en incitant des bandes racistes à les attaquer, ce qui provoque un mouvement d'indignation internationale. Cédant aux pressions croissantes au pays et à l'étranger, le président Dwight Eisenhower répond aux appels des partisans des droits des Noirs et déploie des troupes fédérales pour protéger les étudiants.

14 décembre – Au nom du Mouvement du 26 juillet, Fidel Castro répudie le Pacte de Miami, une tentative des forces d'opposition bourgeoises pour prendre la direction de la lutte contre Batista.

1958

23 janvier – Une rébellion populaire à Caracas renverse le régime du dictateur vénézuélien Marcos Pérez Jiménez.

Mai – Manifestations de protestation en Argentine, Bolivie, Paraguay, Pérou et dans d'autres pays d'Amérique latine contre la tournée du vice-président des États-Unis Richard Nixon et la domination U.S. sur la région.

Juillet – Défaite de l'offensive militaire de Batista contre le centre de commandement de l'Armée rebelle dans les montagnes de la Sierra Maestra. Les forces révolutionnaires entreprennent une poussée à travers l'île qui les conduira à la victoire finale.

1959

1er janvier – Victoire de la guerre révolutionnaire. Batista s'enfuit de Cuba devant l'avance de l'Armée rebelle, une insurrection populaire grandissante et une grève générale dirigée par le Mouvement du 26 juillet. Au cours des jours qui suivent, l'Armée rebelle s'empare de toutes les garnisons militaires et quartiers généraux de la police. L'ancien juge Manuel Urrutia devient président. Les cadres du Mouvement du 26 juillet dirigent plusieurs ministères, au début comme une minorité dans le nouveau gouvernement.

16 février – La mobilisation révolutionnaire des travailleurs et des paysans s'approfondit, conduisant à la démission du premier ministre José Miró Cardona. Fidel Castro devient premier ministre.

6 mars – Le gouvernement révolutionnaire de Cuba adopte une loi réduisant les loyers de 30 à 50 pour cent.

22 mars – Fidel Castro annonce des mesures interdisant la discrimination raciale dans tous les services et lieux publics et dans l'emploi.

17 mai – Le gouvernement cubain signe la première loi de la Réforme agraire, qui limite à 1 000 acres ou 400 hectares la taille des propriétés foncières privées. Des mobilisations ouvrières et paysannes de masse confisquent les propriétés cubaines et étrangères qui excèdent cette limite. Quelque 100 000 paysans sans terre reçoivent des titres de propriété.

16-17 juillet – Fidel Castro démissionne comme premier ministre devant l'opposition d'Urrutia aux mesures révolutionnaires. Une énorme mobilisation populaire force Urrutia à démissionner. Osvaldo Dorticós, un cadre du Mouvement du 26 juillet, le remplace comme président. Fidel Castro reprend ses fonctions de premier ministre le 26 juillet.

Fin juillet – La guerre civile éclate au Laos entre le front de libération du Pathet Lao et les forces pro-impérialistes que soutiennent les États-Unis.

1er novembre – Quelque 2 000 travailleurs et étudiants panaméens pénètrent dans la zone du canal pour y ériger le drapeau panaméen. Les forces U.S. les attaquent à la matraque et au gaz lacrymogène, ce qui alimente de nouvelles protestations exigeant la souveraineté de Panama sur le canal.

26 novembre – Che Guevara devient directeur de la Banque nationale. Il remplace Felipe Pazos, un des derniers représentants de la bourgeoisie dans le gouvernement.

1960

1er février – Des étudiants noirs occupent le casse-croûte réservé aux blancs d'un magasin à rayons Woolworth à Greensboro, en Caroline du Nord. Ils déclenchent une vague de sit-in à travers le sud des États-Unis exigeant la déségrégation des services et lieux publics.

4 mars – Un navire français transportant des armes belges achetées par les Cubains pour leur défense, *La Coubre,* explose dans le port de La Havane, tuant 101 personnes.

29 juin-1er juillet – Avec le soutien du gouvernement révolutionnaire, les travailleurs du pétrole prennent contrôle des raffineries des compagnies Texaco, Esso et Shell lorsque celles-ci refusent de raffiner le pétrole que Cuba a acheté de l'Union soviétique.

30 juin – Le Congo obtient son indépendance de la Belgique. Patrice Lumumba devient premier ministre.

6 juillet – En guise de représailles, le président U.S. Dwight Eisenhower ordonne une réduction de 700 000 tonnes des importations de sucre que Washington devait acheter de Cuba, sabrant de 95 pour cent le quota sucrier du reste de 1960.

9 juillet – L'Union soviétique annonce qu'elle achètera tout le sucre cubain que les U.S. refusent d'acheter.

26 juillet-8 août – Près de mille jeunes provenant de tous les pays latino-américains, ainsi que des États-Unis, du Canada, de l'Union soviétique et d'autres pays, assistent au premier congrès de la jeunesse latino-américaine à Cuba. Plusieurs participants sont gagnés à la perspective d'imiter l'exemple des révolutionnaires cubains.

6 août – Devant l'intensification de l'agression et du sabotage économique des États-Unis, le gouvernement révolutionnaire cubain répond aux initiatives des travailleurs en décrétant la nationalisation d'importantes compagnies U.S. Les travailleurs se mobilisent à travers l'île pour combattre les efforts de perturbation économique des capitalistes. À la fin d'octobre, pratiquement toutes les grandes industries appartenant à des intérêts cubains sont nationalisées.

22-29 août – Réunion des ministres des Affaires étrangères de l'Organisation des États américains (OÉA) à San José, au Costa Rica. Celle-ci adopte la Déclaration de San José qui condamne le cours révolutionnaire de Cuba. L'OÉA comprend tous les pays latino-américains, sauf ceux qui demeurent des colonies, et les États-Unis.

2 septembre – Se proclamant l'Assemblée générale nationale du peuple de Cuba, un million de Cubains condamnent la Déclaration de San José de l'OÉA et adoptent la Première déclaration de La Havane.

26 septembre – S'adressant à l'Assemblée générale de l'ONU, Fidel Castro dénonce les attaques U.S. contre Cuba et proclame sa solidarité avec la lutte contre l'impérialisme à travers le monde.

13 octobre – Toutes les banques étrangères (à l'exception des canadiennes) et cubaines sont nationalisées, ainsi que 382 grandes entreprises appartenant à des intérêts cubains.

14 octobre – La loi de la Réforme urbaine est promulguée, qui interdit aux propriétaires de louer des biens immobiliers urbains. En vertu de la loi, la plupart des Cubains deviennent propriétaires de leur maison. Les autres paient à l'État un maximum de 10 pour cent de leur revenu familial.

Fin décembre – Mobilisation des milices révolutionnaires en réponse aux menaces militaires U.S. qui se multiplient contre Cuba au cours des derniers jours de l'administration Eisenhower.

1961

1er janvier – « L'Année de l'éducation » commence à Cuba. Au cours d'une campagne d'alphabétisation d'un an, plus de 100 000 enseignants se déploient partout dans l'île. L'écrasante majorité d'entre eux sont des jeunes et des étudiants. À la fin de cette mobilisation nationale, près d'un million de travailleurs et de paysans de tout âge ont appris à lire et à écrire. L'analphabétisme est éliminé.

3 janvier – Washington rompt ses relations diplomatiques avec Cuba.

16 janvier – Le département d'État annonce que tout citoyen U.S. voyageant à Cuba doit obtenir une autorisation particulière.

17 janvier – Évincé comme premier ministre du Congo lors d'un coup d'État en septembre 1960, Patrice Lumumba est assassiné sur l'ordre de Joseph Mobutu, avec la participation directe d'agents belges et le soutien de Washington.

31 mars – Le président U.S. John F. Kennedy ordonne l'arrêt des dernières importations de sucre en provenance de Cuba.

17-19 avril – Les Forces armées révolutionnaires, la Police nationale révolutionnaire et les milices populaires de Cuba défont en moins de 72 heures à Playa Girón, dans la baie des Cochons, une invasion de mercenaires organisée par les États-Unis. La veille de l'attaque, Fidel Castro explique pour la première fois le cours socialiste de la révolution lors d'un rassemblement de masse à La Havane qui mobilise le peuple cubain en préparation de l'invasion imminente. La victoire écrasante des défenseurs cubains constitue la première défaite militaire de l'impérialisme U.S. en Amérique latine.

4 mai – Le premier *Freedom Ride* a lieu dans le sud des États-Unis. Des militants traversent en autobus les frontières entre États dans un effort pour mettre fin à la ségrégation dans le transport public entre États.

31 mai – Assassinat du dictateur de longue date de la République dominicaine, Rafael Trujillo. Son protégé Joaquín Balaguer, le président du pays, assume les pleins pouvoirs avec le soutien des USA.

5-17 août – Lors d'une réunion de la Conférence sociale et économique de l'OÉA à Punta del Este en Uruguay, le gouvernement U.S. annonce l'« Alliance pour le progrès, » qui vise à renflouer les régimes capitalistes dociles et à enrichir les banquiers et investisseurs U.S. Sur une période de 10 ans, ce plan affecte 20 milliards US pour des prêts aux régimes latino-américains en échange de leur coopération contre le gouvernement révolutionnaire cubain. Che Guevara dirige la délégation cubaine et se sert de la réunion pour dénoncer l'« Alliance » comme une institution dominée par l'impérialisme et mobiliser l'opposition contre elle.

30 août – Le président Kennedy ordonne la mise en service actif de 148 000 soldats de la Garde nationale et de la réserve lors de la crise de Berlin. Les forces militaires U.S. et soviétiques se font face.

Novembre – Au milieu d'une rébellion populaire croissante en République dominicaine, Washington déploie des navires de guerre au large des côtes du pays pour soutenir le régime Balaguer.

Décembre – Le bateau cubain *Bahía de Nipe* quitte La Havane à destination de l'Afrique du Nord, transportant armes et munitions pour la lutte du Front de libération national (FLN) algérien contre la domination coloniale française. Le bateau revient en janvier, avec à son bord 76 combattants algériens blessés et 20 orphelins de guerre.

2 décembre – Fidel Castro annonce l'unification du Mouvement du 26 juillet avec le Parti socialiste populaire et le Directoire révolutionnaire dans le discours « Je serai marxiste-léniniste jusqu'au dernier jour de ma vie. »

1962

22-31 janvier – Lors d'une réunion convoquée par l'OÉA à Punta del Este en Uruguay, les ministres des Affaires étrangères de l'Amérique latine et des États-Unis expulsent Cuba de l'OÉA et donnent leur aval à des mesures militaires à son endroit. La délégation cubaine dirigée par le président Osvaldo Dorticós utilise la réunion pour condamner l'exploitation impérialiste de l'Amérique latine.

3 février – Le président Kennedy ordonne un embargo total sur le commerce des États-Unis avec Cuba.

4 février – Un million de personnes réunies en Assemblée générale nationale sur la Place de la révolution à La Havane adoptent la Deuxième déclaration de La Havane et proclament l'appui de Cuba à la lutte révolutionnaire pour le pouvoir populaire à travers les Amériques.

5 juillet – Après huit ans de lutte pour sa libération nationale, l'Algérie obtient son indépendance de la France. Le gouvernement des travailleurs et des paysans dirigé par Ahmed Ben Bella établit des liens étroits avec le gouvernement révolutionnaire cubain.

22-28 octobre – L'administration Kennedy ordonne un blocus naval contre Cuba, met les Forces armées U.S. en état d'alerte nucléaire et exige le retrait de l'île des missiles nucléaires défensifs fournis par l'Union soviétique. Ces missiles ont été installés suite à une entente de défense mutuelle entre Cuba et l'Union soviétique devant les préparatifs d'invasion de Cuba par Washington. En réponse à l'agression U.S., des millions de Cubains se mobilisent pour défendre la révolution socialiste, repoussant les menaces nucléaires U.S. À la suite d'un échange entre les gouvernements U.S. et soviétique, le premier ministre Nikita Khrouchtchev annonce, sans consulter le gouvernement cubain, le retrait des missiles.

1963

Avril-mai – À Birmingham en Alabama, les combattants pour les droits des Noirs organisent des manifestations et des sit-in de masse pour mettre fin à la ségrégation des institutions publiques. Ils font face aux attaques brutales des flics, qui utilisent contre eux matraques, chiens, lances d'incendie et gaz lacrymogène. Ces événements deviennent connus comme la « Bataille de Birmingham. »

24 mai – L'Algérie accueille 55 médecins, dentistes, infirmières et autres volontaires médicaux cubains, la première mission internationaliste du genre de la révolution cubaine.

28 août – La Marche de Washington pour l'emploi et la liberté attire 250 000 personnes qui revendiquent les droits civils. À la même occasion, un appel est lancé pour une rupture avec le Parti démocrate et la formation d'un Parti de la liberté maintenant. Cet appel a le soutien d'un certain nombre de personnalités de la lutte pour les droits des Noirs ainsi que de la Nation d'islam.

3 octobre – Cuba promulgue la deuxième réforme agraire, confisquant les propriétés privées de plus de 66 hectares ou 165 acres. Les terres et les biens de quelque 10 000 agriculteurs capitalistes sont saisis. Ceux-ci possèdent 20 pour cent des terres agricoles de Cuba et constituent une base pour les activités contre-révolutionnaires organisées par Washington. Cette mesure harmonise les relations sociales de la campagne avec la propriété d'État de l'industrie, renforçant l'alliance des travailleurs et des agriculteurs.

22 octobre – Un bataillon de près de 700 soldats volontaires cubains arrive en Algérie pour défendre le régime révolutionnaire nouvellement indépendant contre les attaques du Maroc incitées par l'impérialisme.

1964

9 janvier – Des soldats U.S. tuent une vingtaine de Panaméens et en blessent des centaines au cours de manifestations de protestation contre le refus des autorités U.S. de déployer le drapeau panaméen partout où l'est le drapeau U.S. dans la zone du canal de Panama. Au cours des semaines qui suivent, des milliers de Panaméens se mobilisent pour exiger la souveraineté de leur pays sur le canal.

31 mars-2 avril – Un coup d'État militaire soutenu par Washington renverse au Brésil le gouvernement élu de João Goulart. C'est le début d'années de terreur sanglante.

Juin-août – Des milliers de jeunes participent à l'« Été de la liberté » dans le Sud des États-Unis dans le but d'inscrire les Noirs sur les listes électorales. Le 21 juin, trois volontaires — James Chaney, Andrew Goodman et Michael Schwerner — sont assassinés au Mississippi par une bande du Ku Klux Klan dirigée par un shérif adjoint local.

Août – Prenant prétexte d'un prétendu incident naval au large des côtes de l'Indochine, le Congrès des États-Unis adopte la résolution du golfe du Tonkin. Le bombardement du Nord Viêt-nam commence. Une escalade rapide de la guerre contre les forces de libération vietnamiennes s'ensuit. En 1969, quelque 540 000 soldats U.S. combattent au Viêt-nam.

11 décembre – Che Guevara s'adresse à l'Assemblée générale des Nations unies. Citant les perspectives révolutionnaires de la Deuxième déclaration de La Havane, il proclame la solidarité de Cuba avec la lutte internationale contre l'exploitation impérialiste.

1965

21 février – Dirigeant révolutionnaire de la lutte de libération des Noirs et contre l'oppression et l'exploitation de l'impérialisme U.S., Malcolm X est assassiné à New York.

13 mars – Fidel Castro condamne la division qui oppose les partis au pouvoir en Union soviétique et en Chine, déclarant : « La division devant l'ennemi n'est en rien une stratégie correcte, en rien une stratégie révolutionnaire, en rien une stratégie intelligente. » Il appelle à la formation d'un front uni pour défendre le Viêt-nam contre l'attaque de l'impérialisme U.S.

1er avril – Che Guevara remet sa lettre d'adieu à Fidel Castro. Il démissionne de ses responsabilités de direction à Cuba afin de participer librement aux luttes révolutionnaires ailleurs dans le monde. Alors qu'il attend la fin des préparatifs d'un front révolutionnaire dans le Cône sud de l'Amérique latine, il se rend au Congo où il prend la tête d'une colonne de plus d'une centaine de volontaires cubains venus prêter main forte aux forces populaires luttant contre le régime pro-impérialiste de ce pays. Une deuxième colonne de volontaires cubains se rend au Congo Brazzaville pour y constituer une force de réserve et aider les combattants pour l'indépendance de l'Angola.

17 avril – 20 000 personnes participent à la première manifestation nationale à Washington contre la guerre du Viêt-nam. Celle-ci est initiée par les Étudiants pour une société démocratique (SDS) et organisée en front uni avec l'Alliance des jeunes socialistes (YSA), les clubs W. E. B. Dubois et d'autres organisations.

28 avril – Quelque 24 000 soldats U.S. envahissent la République dominicaine pour y écraser un soulèvement populaire contre la junte militaire soutenue par Washington.

19 juin – Un coup d'État militaire renverse le gouvernement révolutionnaire dirigé par Ahmed Ben Bella en Algérie.

Août – Une rébellion de la communauté noire chasse la police hors du quartier Watts de Los Angeles. Quelque 13 000 membres de la Garde nationale attaquent les Noirs de la région, tuant 36 personnes, en blessant 900 et en arrêtant 4 000. C'est la première d'une série d'explosions des populations noires dans les grandes villes U.S. au cours des trois années qui vont suivre.

3 octobre – Au cours d'une réunion publique visant à présenter le Comité central du Parti communiste de Cuba nouvellement fondé, Fidel Castro lit la lettre du 1er avril de Che Guevara qui annonce son intention de se joindre aux luttes contre l'exploitation impérialiste dans d'autres régions du monde.

1966

1-14 janvier – Tenue à La Havane de la Conférence tricontinentale de solidarité avec les peuples d'Asie, d'Afrique et d'Amérique latine. Des combattants anti-impérialistes de toutes les régions du monde y assistent.

Novembre – Che Guevara arrive en Bolivie pour diriger un front révolutionnaire dans le Cône sud de l'Amérique latine. Il sera blessé et capturé le 8 octobre 1967 dans une opération de l'armée bolivienne organisée par la CIA, et assassiné le lendemain par les forces armées boliviennes avec l'assentiment de Washington.

1967

31 juillet-10 août – Tenue à La Havane de la conférence de l'Organisation latino-américaine de solidarité (OLAS). Les forces révolutionnaires et partis politiques de gauche de toutes les Amériques y assistent, y compris des États-Unis. « Le devoir de tout révolutionnaire est de faire la révolution, » proclame la bannière derrière la tribune, reprenant l'appel à l'action de la Deuxième déclaration de La Havane. La conférence déclare son appui aux luttes populaires de l'Amérique latine.

GLOSSAIRE

Antilles – Îles des Caraïbes, dont Cuba.

Balaguer, Joaquín (1907-2002) – Haut fonctionnaire sous la dictature de Rafael Trujillo en République dominicaine. Président du pays en 1960-1962, 1966-1978 et 1986-1996, avec le soutien des États-Unis.

Barnes, Jack (1940-) – Secrétaire national du Parti socialiste des travailleurs (SWP) aux États-Unis depuis 1972. Participe au premier Congrès de la jeunesse latino-américaine à Cuba à l'été de 1960. Adhère à l'Alliance des jeunes socialistes (YSA) en 1960 et au SWP en 1961. Auteur de nombreux livres, brochures et articles sur la politique, la stratégie et l'organisation communistes. Membre du comité éditorial de la revue *New International*.

Batista, Fulgencio (1901-1973) – Militaire, homme fort de Cuba de 1934 à 1944. Dirige un coup d'État le 10 mars 1952 qui établit une tyrannie militaro-policière. S'enfuit de Cuba le 1er janvier 1959 devant l'avance de l'Armée rebelle et de l'insurrection populaire.

Bolívar, Simón (1783-1830) – Patriote latino-américain né à Caracas, surnommé le Libérateur. De 1810 à 1824, dirige une série de rébellions armées qui aident une grande partie de l'Amérique latine à gagner son indépendance vis-à-vis de l'Espagne.

Bruno, Giordano (1548-1600) – Philosophe italien, astronome et mathématicien. Brûlé au bûcher pour hérésie par la hiérarchie de l'Église catholique.

Castro, Fidel (1926-) – Organise et dirige le mouvement révolutionnaire contre la tyrannie de Fulgencio Batista, qui attaque le 26 juillet 1953 les garnisons de la Moncada à Santiago de Cuba et de Manuel de Céspedes à Bayamo. Capturé, jugé et condamné à 15 ans de prison. Relâché en 1955 à la suite d'une campagne nationale d'amnistie, dirige la fondation du Mouvement révolutionnaire du 26 juillet. Organise l'expédition du *Granma* à partir du Mexique, qui initie une guerre révolutionnaire à Cuba à la fin de 1956. Commandant en chef de l'Armée rebelle de 1956 à 1959 et commandant en chef des Forces armées révolutionnaires de 1959 à 2008. Premier ministre de Cuba de février 1959 à 1975. Premier secrétaire du Parti communiste de Cuba entre 1965 et 2011; président du Conseil d'État et du Conseil des ministres de 1976 à 2008.

CENTO (Traité d'organisation centrale) – De 1955 à 1979, alliance militaire de la Turquie, de l'Iran, du Pakistan et du Royaume-Uni, formée à l'initiative des gouvernements U.S. et britannique pour contrer l'influence soviétique au Moyen-Orient. Les États-Unis en deviennent un membre associé en 1959. Dissout après la révolution iranienne de 1979.

Diderot, Denis (1713-1784) – Écrivain et philosophe français du siècle des Lumières.

Directoire révolutionnaire – Formé en 1955 par José Antonio Echeverría et d'autres dirigeants de la Fédération des étudiants universitaires. Le 13 mars 1957, dirige une attaque contre le palais présidentiel au cours de laquelle et immédiatement après plusieurs de ses dirigeants centraux sont tués. Au début de 1958, organise une colonne de guérilla dans les montagnes de l'Escambray dans la province de Las Vilas, qui se joindra plus tard au front commandé par Che Guevara. Fusionne en 1961 avec le Mouvement du 26 juillet et le Parti socialiste populaire.

Engels, Friedrich (1820-1895) – Collaborateur de Karl Marx et cofondateur avec lui du mouvement communiste ouvrier moderne.

Guevara, Ernesto Che (1928-1967) – D'origine argentine, dirigeant de la révolution cubaine. Recruté au Mexique en 1955 en tant que médecin de l'expédition du *Granma*. Premier combattant de l'Armée rebelle promu au grade de commandant en 1957. Après le triomphe de 1959, assume de nombreuses responsabilités dont celle de directeur de la Banque nationale et de ministre de l'Industrie. En 1965, dirige la colonne cubaine qui lutte aux côtés des forces anti-impérialistes au Congo. Dirige un détachement de volontaires internationalistes en Bolivie en 1966-1967. Blessé et capturé le 8 octobre 1967 par l'armée bolivienne au cours d'une opération anti-guérilla organisée par la CIA. Assassiné le lendemain.

Hidalgo, Miguel (1753-1811) – Considéré comme le père de l'indépendance du Mexique, dirige en 1810 un soulèvement contre la domination espagnole. Capturé et fusillé. Prêtre catholique.

Hus, Jan (1370-1415) – Réformateur religieux tchèque. Condamné pour hérésie et brûlé au bûcher par la hiérarchie de l'Église catholique.

Inquisiteurs – Membres des tribunaux religieux établis à la fin du moyen âge pour imposer l'allégeance au dogme et à la hiérarchie de l'Église catholique, un pilier central de l'ordre féodal menacé par la montée des relations sociales capitalistes et des forces politiques bourgeoises. L'Inquisition atteint son point culminant à la fin du quinzième et au début du seizième siècles en Espagne, où quelque 2 000 personnes sont brûlées au bûcher comme hérétiques.

Juárez, Benito (1806-1872) – Président du Mexique de 1861 à 1872, lutte contre l'occupation française du pays (1864–1867). Héros national du Mexique.

Lénine, V. I. (1870-1924) – Fondateur du Parti bolchevique. Dirigeant central de la révolution d'octobre 1917 en Russie. Président du Conseil des commissaires du peuple (gouvernement soviétique), 1917-1924. Membre du Comité exécutif de l'Internationale communiste, 1919-1924.

Martí, José (1853-1895) – Héros national de Cuba. Éminent révolutionnaire, poète, écrivain, orateur, journaliste et combattant. Fonde le Parti révolutionnaire cubain en 1892 pour lutter contre la domination coloniale espagnole et s'opposer aux visées U.S. sur Cuba. Organise et planifie la guerre d'indépendance de 1895. Mort au combat contre les troupes espagnoles à Dos Ríos, dans la province d'Oriente. Son programme anti-impérialiste et ses écrits révolutionnaires plus généraux sont au centre des traditions internationalistes et de l'héritage politique révolutionnaire de Cuba.

Marx, Karl (1818-1883) – Fondateur avec Friedrich Engels du mouvement communiste ouvrier moderne et architecte de ses fondements programmatiques.

McCarthy, Joseph (1908-1957) – Sénateur républicain du Wisconsin. Joue un rôle de premier plan dans la chasse aux sorcières anticommuniste du début des années 1950 aux États-Unis.

Monroe, doctrine de – Énoncée en 1823 par le président U.S. James Monroe (1758-1831), exprime la politique gouvernementale de la bourgeoisie naissante pour protéger la jeune république U.S. contre les politiques contre-révolutionnaires des puissantes monarchies européennes, en particulier du Royaume-Uni et de la France, qu'elle met en garde contre toute intervention dans les Amériques. À partir de la dernière décennie de la fin du dix-neuvième siècle, quand les USA deviennent une puissance impérialiste mondiale, la doctrine de Monroe sert à justifier les interventions politiques et militaires des États-Unis contre les pays d'Amérique latine et des Antilles qui cherchent à briser l'étau de leur domination.

Mouvement révolutionnaire du 26 juillet – Fondé en juin 1955 par Fidel Castro, des participants à l'assaut de la Moncada et d'autres forces révolutionnaires. Pendant la guerre contre la tyrannie, est constitué de l'Armée rebelle dans les montagnes (*Sierra*) et du réseau clandestin des villes et de la campagne (*Llano* — la « plaine »). En mai 1958, la direction nationale en est centralisée dans la Sierra Maestra et Fidel Castro en devient le secrétaire général. En 1961, dirige la fusion avec le Parti socialiste populaire et le Directoire révolutionnaire.

Napoléon 1ᵉʳ (Napoléon Bonaparte) (1769-1821) – Général de premier plan dans les guerres révolutionnaires qui ont défendu les gains de la révolution française. Effectue un coup d'État en 1799 alors que la révolution est en recul. Se proclame d'abord premier consul puis, de 1804 à 1815, empereur de France. Les guerres révolutionnaires et plus tard les guerres dynastiques contre une coalition réactionnaire des monarchies britannique, prussienne, russe et autrichienne portent des coups aux vestiges des relations féodales en Allemagne et dans le reste de l'Europe de l'Ouest.

O'Higgins, Bernardo (1778-1842) – Commande les forces militaires qui gagnent l'indépendance du Chili contre l'Espagne en 1818. Premier chef d'État chilien.

Oppenheimer, J. Robert (1904-1967) – Physicien U.S., directeur du projet qui développe la bombe atomique en 1943-1945. Accusé d'être un sympathisant communiste au début des années 1950, voit son certificat de sécurité révoqué.

OTAN (Organisation du traité de l'Atlantique Nord) – Créée en 1949, alliance militaire formée des États-Unis, du Canada et des puissances de l'Europe de l'Ouest pour s'opposer à l'Union soviétique et aux gouvernements d'Europe centrale et de l'Est alliés à l'URSS.

OTASE (Organisation du traité de l'Asie du Sud-Est) – Alliance militaire dirigée par les États-Unis, 1955-1977. Constituée dans le but de combattre « l'expansionnisme communiste, » comprend plusieurs gouvernements impérialistes – Australie, États-Unis, France, Nouvelle-Zélande et Royaume-Uni – ainsi que le Pakistan, les Philippines et la Thaïlande.

Parti socialiste populaire (PSP) – Nom adopté en 1944 par le Parti communiste de Cuba dans le cadre des politiques internationales de Front populaire et d'« unité nationale. » Rejette la dictature imposée par Batista après le coup d'État de 1952 mais s'oppose au cours politique révolutionnaire du Mouvement du 26 juillet. Le PSP collabore avec ce dernier au cours des derniers mois de la lutte contre la dictature. Fusionne en 1961 avec le Mouvement du 26 juillet et le Directoire révolutionnaire.

Platt, amendement – Rédigé par le sénateur Orville Platt (1827-1905) comme annexe au budget militaire U.S. de 1901 et incorporé par la suite comme amendement à la constitution cubaine. Reconnaît à Washington le droit d'intervenir en tout temps dans les affaires de Cuba et d'établir des bases militaires en sol cubain. Abrogé en 1934 dans le cadre d'un traité signé entre le gouvernement cubain et l'administration de Franklin Delano Roosevelt aux États-Unis. Le même traité légalise cependant toutes les autres concessions faites par Cuba pendant l'occupation U.S., dont le contrôle à perpétuité de la base navale de Guantánamo.

Robeson, Paul (1898-1976) – Chanteur et acteur U.S. Cible de la chasse aux sorcières anticommuniste du gouvernement, qui révoque son passeport en 1950.

Rosenberg, Julius (1918-1953) et **Ethel** (1915-1953) – Membres du Parti communiste des États-Unis, faussement accusés de conspiration pour espionner au profit de l'Union soviétique et exécutés.

Rousseau, Jean-Jacques (1712-1778) – Philosophe et écrivain français dont les écrits influenceront les dirigeants de la révolution française.

Sandino, Augusto César (1895-1934) – De 1927 à 1933, dirige une lutte de guérilla au Nicaragua contre les *marines* U.S. et les forces pro-impérialistes. Assassiné sur l'ordre du dictateur Anastasio Somoza que soutiennent les États-Unis.

San Martín, José de (1778-1850) – Dirigeant politique argentin, commande les forces qui contribuent à gagner contre l'Espagne l'indépendance de l'Argentine, du Chili et du Pérou.

Sucre, Antonio José de (1795-1830) – Dirigeant de la révolte en Amérique latine qui libère en 1822 ce qui est maintenant l'Équateur de la domination espagnole et chasse en 1825 les troupes espagnoles de Bolivie.

Tiradentes (Joaquin José da Silva Xavier) (1748-1792) – Dirige une révolte manquée contre la domination portugaise au Brésil pour laquelle il est pendu. Médecin et dentiste, il est populairement connu comme « Tiradentes » (arracheur de dents).

Trujillo, Rafael Leónidas (1891-1961) – Dictateur de la République dominicaine de 1930 à sa mort. Après 1959, organise avec le soutien de Washington des attaques contre la révolution cubaine. Assassiné le 30 mai 1961 par des officiers de haut rang de l'armée dominicaine, avec l'accord tacite de Washington.

Voltaire (François-Marie Arouet) (1694-1778) – Satiriste et historien français du siècle des Lumières.

Zapata, Emiliano (1879-1919) – Un dirigeant de la révolution mexicaine de 1910. Organise et dirige une armée paysanne qui lutte pour « la terre et la liberté. »

INDEX

Agence centrale de renseignement (CIA), 57
Algérie, 21, 92, 99, 101, 103
Alliance des jeunes socialistes (YSA), 17
Alliance pour le progrès, 70, 72-73, 98
Almeida, Juan, 93
Amérique latine
    Autochtones et Noirs, 11, 24-25, 36-37, 56, 69-73, 77, 86
    bourgeoisies nationales, 12-14, 24-25, 81-84
    campagne contre la « subversion », 22-23, 65, 68, 78, 80-81
    conditions sociales, 35-36, 56, 60, 69, 75-78, 86
    et découverte de l'Amérique, 46, 70
    destin commun, 32, 38, 84-85
    exemple de Cuba, 44-45, 52-53, 62-64, 79, 96
    exploitation impérialiste, 19, 36-38, 51-52, 60-61, 73, 77-78
    forces armées, 57, 60-61, 80-81, 83
    forces de classe révolutionnaires, 13, 37, 50, 52-53, 73-74, 79-83, 85-87
    gouvernements serviles, 29-32, 36, 38, 57, 59, 61, 64-65, 67-68, 78-79, 83
    interventionnisme U.S., 22-23, 31-32, 43-44, 57-62, 65, 67, 78-79
    pactes militaires avec les USA, 59-61
    perspectives révolutionnaires, 23-24, 55-56, 79
    répression politique, 25, 35, 57-58, 60, 65, 69, 79, 81, 83
    sous-développement économique, 63, 69, 79-80
    souveraineté bafouée, 29-32, 61-63, 78-79, 83
    traditions anticoloniales, 31-32, 37-38, 43-44, 56, 61, 84-85
    Voir aussi Organisation des États américains (OÉA)
Analphabétisme, 35-36, 63, 68-69, 97
Anticommunisme, 54-55, 75
Arbenz, Jacobo, 92
Argentine, 70
Autochtones, peuples, 24, 36-37, 56, 69-72, 77
    dans lutte révolutionnaire, 85-86

Bacardi, rhum, 16
Baie des Cochons. *Voir* Playa Girón
Balaguer, Joaquín, 58-59, 98, 105
Barnes, Jack, 12, 105
Batista, Fulgencio, 91, 94, 105

Ben Bella, Ahmed, 100, 103
Berlin, crise de (1961), 67, 99
Birmingham, bataille de (1963), 100
Bolívar, Simón, 31, 61, 105
Bolivie, 70, 91, 103
Bonaparte, Napoléon, 85, 109
Brésil, 71, 101
Bruno, Giordano, 54, 105

Capitalisme, 13
  et bourgeoisies nationales, 12-14, 24, 81-83
  ses contradictions, 50-51
  montée, 45-50
  et révolutions bourgeoises, 47-48, 53-54
  les travailleurs sont ses fossoyeurs, 50, 85
  Voir aussi Impérialisme ; Impérialisme U.S.
Castro, Fidel, 19, 91-95, 97, 99, 102, 105-106
  et Déclarations de La Havane, 14-15, 21-22, 24
Castro, Raúl, 93
CENTO (Traité d'organisation centrale), 67, 106
Chaney, James, 101
Chine, 18-19, 33-34, 92, 102
Chômage, 67-68
Chrétiens, premiers, 53-54
CIA. *Voir* Agence centrale de renseignement
Classe ouvrière
  alliance avec paysannerie, 13, 24, 52, 73-74, 81, 83, 85, 101
  armement, 37-38, 68
  émergence, 48
  son exploitation, 19, 36, 49, 73
  poids en Amérique latine, 13-14, 79-80
  potentiel révolutionnaire, 13-14, 38, 50, 73-74, 80-83, 85-86
  répression contre, 36, 58, 60, 69, 79, 81, 83
  rôle d'avant-garde, 24, 73-74, 81-82
Colombie, 77
Colonialisme, 51
  espagnol, 56, 85, 108
  lutte mondiale contre, 51, 56, 82
  Voir aussi Impérialisme
Congo, 96, 98, 102
Conseil interaméricain de défense, 23, 57, 78-79
Corée, 67, 91-92
« Crise des missiles » (1962), 100
Cuba
  attaques U.S. contre la révolution, 15-16, 20-21, 33, 45, 52-53, 63-67, 78, 96-100
  campagne d'alphabétisation, 20, 63, 97
  domination U.S., 31-32, 43-44
  exemple révolutionnaire, 17, 23-24, 44-45, 52-53, 62-64, 79, 96
  exploitation par l'impérialisme, 31, 43-44, 69, 77
  expulsion de l'OÉA, 61-62, 68, 78, 98
  lutte contre Batista, 33-34, 91, 93-94
  lutte pour sa souveraineté, 29, 31-32, 43-45, 62-63, 68
  mesures sociales de la révolution, 15-17, 19-20, 63, 67-68, 94-97, 101
  nationalisations des avoirs capitalistes, 15-16, 20, 67-68, 96-97
  parle pour les exploités du

monde, 62-64, 98
  solidarité avec, 17-18, 33, 96
  sa solidarité internationaliste, 21, 37-38, 99-101
  sucre, 16, 66, 68, 96, 98
Culture, 55
  sous le capitalisme, 74-75, 82
  révolution cubaine et, 45, 63

Déclaration de San José (1960), 18, 29-31, 33, 96-97
Démocratie, 34-36, 79
Deuxième déclaration de La Havane, 14-15, 19-26, 43-88, 99
  son impact international, 14, 24-26, 87-88
Diderot, Denis, 47, 106
Directoire révolutionnaire, 99, 106
Dogmatisme et divisions, 25, 82
Dorticós, Osvaldo, 61, 95, 99

Echeverría, José Antonio, 106
Éducation, 36-37, 76-77
  à Cuba, 68, 97
Église, hiérarchie, 53, 107
Égypte, 93
Eisenhower, Dwight, 16, 96-97
Empire romain, 53-54
Engels, Friedrich, 13-14, 48, 106
Espagne, 56, 60, 85
États-Unis, 76, 101-102
  chasse aux sorcières anticommuniste, 35
  classe ouvrière, 32-33
  mouvement contre la guerre du Viêt-nam, 102
  mouvement pour les droits civils, 20, 25, 93, 95, 98, 100, 101
  Noirs, 24-25, 32, 35, 72-73

Fascisme, 51, 58
Femmes, discrimination contre, 36-37, 68-69
Féodalisme, 46-48, 53-54, 80, 82
  Voir aussi Capitalisme, et révolutions bourgeoises
Formose (Taiwan), 19, 34, 67
Freedom Rides (1961), 20, 98

Goodman, Andrew, 101
Goulart, João, 101
Granma, débarquement (1956), 93
Guantánamo, base navale, 65-66
Guatemala, 92
Guerres mondiales
  deuxième, 51
  première, 50-51
Guevara, Ernesto Che, 17, 93, 95, 98, 102-103, 107
Guyanes, 71

Haïti, 31
Hidalgo, Miguel, 31, 107
Hus, Jan, 54, 107

Impérialisme, 14, 19, 36-37, 45-46, 49-52, 56, 77-78
  Voir aussi Impérialisme U.S.
Impérialisme U.S.
  attaques contre la révolution cubaine, 15-16, 20-21, 33, 45, 52-53, 63-66, 78, 96-100
  exploitation de l'Amérique latine, 18, 36, 38, 51-52, 60-61, 72-73, 77-78
  et gouvernements latino-américains serviles, 29-32, 36, 38, 57-59, 61-62, 65, 67-68, 78-79, 83
  interventions en Amérique latine, 22-23, 31-32, 43-45,

57-62, 65, 67, 78-79, 99, 103
pactes militaires, 59-60, 67, 106, 109-110
Voir aussi Impérialisme
Inquisition, 53-54, 107
Intellectuels et artistes, 37, 81-83, 85
  sous le capitalisme, 69, 74-75
Internationale communiste, 13
International Telephone and Telegraph (ITT), 16

Juárez, Benito, 31-32, 107

Kennedy, John F., 66, 98-100
Khrouchtchev, Nikita, 100
Ku Klux Klan, 34-35, 72, 101

La Coubre, explosion (1960), 65, 96
Laos, 67, 95
Lénine, V. I., 13, 19, 48, 107
Logement, 20, 60, 68, 94
López Sabariego, Rubén, 65
Lumumba, Patrice, 96, 98

Maccarthysme, 75, 108
Malcolm X, 102
Manifeste du Parti communiste (Marx et Engels), 14
Martí, José, 14
Marx, Karl, 13-14, 17, 48, 50, 108
Médias, 36, 61, 82
Mercado, Manuel, 43
Mexique, 31
Miró Cardona, José, 94
Moncada, attaque (1953), 91
Monroe, doctrine, 32, 108
Montgomery, boycott (1955-1956), 93

Mortalité infantile, 60, 75-76
Mouvement du 26 juillet, 92, 99, 108-109
Moyen âge, 46, 53-54, 80

Nasser, Gamal Abdel, 93
Nationalisations des avoirs impérialistes, 37, 63
  à Cuba, 15-16, 20, 67-68, 96-97
Nations unies, 20, 34
Nicaragua, 31
Nixon, Richard, 94
Noirs
  en Amérique latine, 11, 24, 36-37, 72, 86
  à Cuba, 68, 95
  aux USA, 24, 32, 34-35, 72, 100-103
  Voir aussi États-Unis, mouvement pour les droits civils
Nueva Internacional, 11-12

OÉA. *Voir* Organisation des États américains
O'Higgins, Bernardo, 31, 109
OLAS, conférence (1967), 103-104
Oppenheimer, J. Robert, 35, 109
Organisation des États américains (OÉA), 29, 96-97
  et Alliance pour le progrès, 70, 98
  expulsion de Cuba, 22, 61, 68, 78, 99
  ministère des colonies U.S., 62, 65
  réunion de Punta del Este (1962), 20-22, 61-65, 67-68, 78, 99
  réunion de San José (1960), 17-18, 29, 33, 96-97

Voir aussi Déclaration de San José
OTAN (Organisation du traité de l'Atlantique Nord), 67, 109
OTASE (Organisation du traité de l'Asie du Sud-Est), 67, 109

Pacte de Rio de Janeiro, 67, 109
Panama, 31, 57, 72-73, 95, 101
Paraguay, 70
Partis communistes, en Amérique latine, 23-24, 82
Parti socialiste populaire (PSP, Cuba), 99, 109-110
Parti socialiste des travailleurs (SWP, USA), 17
Pathfinder, éditions, 11-12, 14-15
Paysannerie, 37
   alliance avec la classe ouvrière, 13, 25, 52, 81, 83, 85, 101
   son isolement, 70-71, 79-81
   dans lutte révolutionnaire, 51-53, 57, 80-81, 83, 85
   répression contre, 36, 57, 60, 69, 78, 83
   et révolutions antiféodales, 47
Pazos, Felipe, 95
Pérez Jiménez, Marcos, 94
Personnes âgées, 36-37
Pie XII, pape, 35
Platt, amendement (1901), 44, 110
Playa Girón, 20, 25, 64, 88, 98
Porto Rico, 31, 44
Première déclaration de La Havane, 14-15, 18-20, 25-26, 29-39, 97
Prío, Carlos, 91
Punta del Este, réunion. *Voir* Organisation des États américains (OÉA)

Réforme agraire, 63
   à Cuba, 16-17, 67, 95, 101
Réforme urbaine, à Cuba, 20, 97
Répression, 34-35, 53-54, 57, 75, 79
   en Amérique latine, 36, 57-58, 60, 65, 69, 79-81, 83-84
République dominicaine, 31, 58-59, 67, 98-99, 103
Révolution, 53-55
   bourgeoise, 46-48, 53-54, 86
   coloniale, 51, 56, 82
   conditions, 55-56, 79-80
   et devoir des révolutionnaires, 24, 37-38, 84-85, 104
   direction ouvrière, 73-74, 81, 82
   son « exportabilité », 79
   forces de classe, 24-25, 37-38, 50, 52-53, 79-83, 85-87
   illusions d'une « transition pacifique », 25, 55, 83
   Voir aussi Cuba, son exemple révolutionnaire
Révolution russe (1917), 12-13, 19, 51
Robeson, Paul, 35, 110
Rosenberg, Julius et Ethel, 35, 110
Rousseau, Jean-Jacques, 47, 110

Sandino, Augusto César, 38, 61, 110
San Martín, José de, 31, 110
Schwerner, Michael, 101
Sectarisme, 25, 82-83
Soins médicaux, 36-37, 75-77, 86
Solidarité internationale, 21, 32-33, 37-38, 84, 97, 100
Sucre, Antonio José de, 31, 111
SWP. *Voir* Parti socialiste des travailleurs

Texas, 31

Tiradentes (Joaquim José da Silva Xavier), 31, 111
Tricontinentale, conférence (1966), 103
Trujillo, Rafael Leónidas, 58, 98, 111

Union soviétique, 34, 51, 102
aide à Cuba, 16, 19, 33, 96
United Fruit Company, 16

Urrutia, Manuel, 95

Venezuela, 11-12, 71, 94
Viêt-nam, 67, 92, 101-102
Voltaire (François-Marie Arouet), 47, 111

YSA. *Voir* Alliance des jeunes socialistes

Zapata, Emiliano, 38, 111

LA RÉVOLUTION CUBAINE ET LA POLITIQUE MONDIALE

Cuba et la révolution américaine à venir
JACK BARNES

Un livre sur les luttes des travailleurs au centre de l'impérialisme, sur les jeunes que ces luttes attirent et sur le peuple cubain, qui a montré que la révolution est non seulement nécessaire, mais qu'elle est possible. Ce livre porte sur la lutte de classe aux États-Unis, où les puissances au pouvoir méprisent les capacités révolutionnaires des travailleurs et des agriculteurs aujourd'hui comme elles ont méprisé celles des travailleurs et paysans cubains. Et tout autant à tort. 10 $ US. Aussi en anglais, espagnol et farsi.

La Colombie : Fidel Castro sur le débat autour de la stratégie révolutionnaire et des leçons de la révolution cubaine
TIRÉ DES PAGES DU *MILITANT*

Des extraits du livre *La paix en Colombie* de Fidel Castro et des articles du *Militant*. Fidel Castro décrit dans son prologue, sa postface et d'autres déclarations les efforts de la direction cubaine pour mettre fin à des décennies de guerre entre le mouvement de guérilla FARC et le régime brutal de la Colombie. Il explique que les révolutionnaires cubains, contrairement aux dirigeants du FARC, ont refusé de prendre des otages et ont organisé les travailleurs et agriculteurs à conquérir le pouvoir d'État et non à poursuivre une « guerre prolongée du peuple ». 5 $ US. En anglais et en espagnol.

Octobre 1962
La crise des « missiles » vue de Cuba
TOMÁS DIEZ ACOSTA

17 $ US. En anglais.

WWW.PATHFINDERPRESS.COM

Le deuxième assassinat de Maurice Bishop
STEVE CLARK

Cet article décrit les réalisations de la révolution qui a eu lieu de 1979 à 1983 dans l'île antillaise de la Grenade. Il explique les racines du coup d'État de 1983 qui a conduit à l'assassinat du dirigeant révolutionnaire Maurice Bishop et à la destruction du gouvernement des travailleurs et des agriculteurs par une faction politique stalinienne à l'intérieur du New Jewel Movement, le parti au pouvoir. Dans *Nouvelle Internationale* n° 3. 14 $ US. Aussi en anglais et en espagnol.

Notre histoire s'écrit toujours
L'histoire de trois généraux cubains d'origine chinoise dans la révolution cubaine

ARMANDO CHOY, GUSTAVO CHUI
MOISÉS SÍO WONG, MARY-ALICE WATERS

« Quelle a été la principale mesure pour combattre la discrimination contre les Chinois et les Noirs à Cuba ? Ça a été la révolution socialiste elle-même. » À travers l'expérience des auteurs, nous voyons comment des millions d'hommes et de femmes ordinaires à Cuba ont changé le cours de l'histoire et se sont transformés en le faisant. 15 $ US. Aussi en anglais, espagnol, farsi, grec et chinois.

Cuba et Angola :
La guerre pour la liberté
HARRY VILLEGAS (« POMBO »)

L'histoire de la contribution exceptionnelle de Cuba à la lutte pour libérer l'Afrique du fléau de l'apartheid. Et comment, en le faisant, la révolution socialiste s'est renforcée à Cuba. 10 $ US. En anglais, espagnol, farsi et grec.

Le socialisme et l'homme à Cuba
ERNESTO CHE GUEVARA
FIDEL CASTRO

« L'homme atteint réellement sa pleine condition humaine lorsqu'il produit sans être contraint par la nécessité physique de se vendre comme marchandise », a écrit Che Guevara en 1965. 5 $ US. Aussi en anglais, espagnol, farsi et grec.

Che Guevara : l'économie et la politique dans la transition au socialisme
CARLOS TABLADA

Puisant abondamment dans les écrits et les discours de Che Guevara sur la construction du socialisme, ce livre examine les relations entre le marché, la planification économique, les stimulants matériels et le travail volontaire. Il explique pourquoi le profit et les autres catégories capitalistes ne peuvent servir à mesurer les progrès accomplis dans la transition au socialisme. 17 $ US. Aussi en anglais, espagnol et grec.

Zone rouge
L'expérience cubaine contre l'Ébola
ENRIQUE UBIETA GÓMEZ

Pour combattre l'Ébola en 2014-2015, Cuba a envoyé plus de 250 travailleurs de la santé, dont des médecins et infirmiers. Tous volontaires, c'étaient des êtres humains comme seule une révolution socialiste peut en produire. 17 $ US. Aussi en anglais et en espagnol.

WWW.PATHFINDERPRESS.COM

CONSTRUIRE UN PARTI PROLÉTARIEN

Le creux de la résistance ouvrière est derrière nous
Le Parti socialiste des travailleurs regarde vers l'avant

JACK BARNES, MARY-ALICE WATERS
STEVE CLARK

L'ordre mondial imposé par les vainqueurs du carnage interimpérialiste de la deuxième guerre mondiale est en train de voler en éclats, avec des ramifications explosives pour les travailleurs et les agriculteurs du monde entier. Une longue période de retraite de la classe ouvrière et des syndicats a pris fin. De plus en plus de travailleurs de tous les âges, de toutes les couleurs de peau et des deux sexes disent : « Trop, c'est trop ». Ce livre attire l'attention sur les opportunités à venir pour les travailleurs ayant une conscience de classe de forger un parti de travailleurs basé sur les syndicats. Et une avant-garde prolétarienne de masse capable de mener la lutte pour mettre fin à la domination capitaliste, offrant un avenir à l'humanité. 10 $ US. Aussi en anglais et en espagnol.

Le travail, la nature et l'évolution de l'humanité
Une vision longue de l'histoire

FRIEDRICH ENGELS, KARL MARX
GEORGE NOVACK, MARY-ALICE WATERS

Sans comprendre qu'en transformant la nature, le travail social est le moteur de l'évolution de l'humanité depuis des millions d'années, les travailleurs ne peuvent pas voir au-delà de l'époque capitaliste d'exploitation de classe qui déforme toutes les relations, idées et valeurs humaines. Seule la conquête révolutionnaire du pouvoir d'État par la classe ouvrière peut ouvrir la porte à un monde libéré de l'exploitation capitaliste, de la dégradation de la nature, de l'assujettissement des femmes, du racisme et de la guerre. Un monde construit sur la solidarité humaine. Un monde socialiste. 12 $ US. Aussi en anglais et en espagnol.

12 $ US

20 $ US

15 $ US

Trois livres qui n'en font qu'un,

sur comment construire un parti qui est ouvrier par son programme, sa composition et ses actions. Un parti qui, dans ce qu'il fait et dit, reconnaît le fait le plus révolutionnaire de notre époque :

que nous, les travailleurs, pouvons créer un monde différent en agissant ensemble pour défendre nos intérêts de classe, pas ceux des classes privilégiées qui nous exploitent, pas ceux qui nous craignent parce qu'ils nous voient comme des « déplorables » ou de simples « déchets ». En suivant une voie révolutionnaire vers le pouvoir des travailleurs, nous nous transformerons et découvrirons notre propre valeur. Aussi en anglais, espagnol et grec.

Offre spéciale
Les trois livres pour 30 $ US

Le tournant vers l'industrie et *Tribuns du peuple et syndicats*   20 $ US

Un de ces livres et *Malcolm X, la libération des Noirs et la voie vers le pouvoir ouvrier*   25 $ US

WWW.PATHFINDERPRESS.COM

LA LUTTE OUVRIÈRE POUR DÉFENDRE LES LIBERTÉS CONSTITUTIONNELLES

Le socialisme en procès
Déposition au procès pour sédition de Minneapolis
JAMES P. CANNON

Le programme révolutionnaire de la classe ouvrière, présenté en réponse aux accusations de « conspiration séditieuse » dans un coup monté en 1941, à la veille de l'entrée des États-Unis dans la deuxième guerre mondiale. Les accusés étaient des dirigeants du mouvement syndical de Minneapolis et du Parti socialiste des travailleurs. 15 $ US. Aussi en anglais, espagnol et farsi.

50 années d'opérations secrètes aux USA
La police politique de Washington et la classe ouvrière américaine
LARRY SEIGLE, FARRELL DOBBS
STEVE CLARK

Retrace la lutte menée pendant plusieurs décennies par les travailleurs ayant une conscience de classe contre les efforts d'accroître les pouvoirs présidentiels et de construire un État de « sécurité nationale » essentiel au maintien du régime capitaliste. 10 $ US. En anglais, espagnol et farsi.

Bureaucratie Teamster
FARRELL DOBBS

Comment la direction du rang des Teamsters s'est organisée pour lutter contre la deuxième guerre mondiale, le racisme et les efforts du gouvernement pour bâillonner les travailleurs ayant un esprit de lutte de classe. 16 $ US. En anglais et en espagnol.

LIBÉRATION DES FEMMES ET SOCIALISME

Les femmes à Cuba : La réalisation d'une révolution au sein de la révolution
VILMA ESPÍN, ASELA DE LOS SANTOS, YOLANDA FERRER

La révolution sociale qui a renversé en 1959 la dictature sanguinaire Fulgencio Batista a commencé dans les rues de villes comme Santiago de Cuba et dans les zones montagneuses libérées par l'Armée rebelle dans l'est de Cuba. L'intégration sans précédent des femmes dans les rangs et la direction de cette lutte est une mesure de son cours révolutionnaire jusqu'à aujourd'hui. Voici les témoignages de première main de femmes qui ont contribué à sa réalisation. 17 $ US. En anglais, espagnol, farsi et grec.

L'émancipation des femmes et la lutte de libération de l'Afrique
THOMAS SANKARA

« Il n'y a pas de véritable révolution sociale sans la libération des femmes », explique le dirigeant de la révolution de 1983-1987 au Burkina Faso. 5 $ US. Aussi en anglais, espagnol et farsi.

Les cosmétiques, la mode et l'exploitation des femmes
JOSEPH HANSEN, EVELYN REED, MARY-ALICE WATERS

Comment le grand patronat soutient le statut de deuxième classe des femmes et l'utilise pour engranger des profits. D'où vient l'oppression des femmes ? Comment l'entrée de millions de femmes dans la vie active a-t-elle renforcé la bataille pour leur émancipation, qui reste à être gagnée ? 12 $ US. En anglais, espagnol, farsi et grec.

WWW.PATHFINDERPRESS.COM

LA CRISE CAPITALISTE ET LA LUTTE POUR LE POUVOIR OUVRIER

Sont-ils riches parce qu'ils sont intelligents ?
Classe, privilège et apprentissage sous le capitalisme

JACK BARNES

Ce livre expose la montée des inégalités de classe aux États-Unis et les justifications intéressées des professionnels bien payés qui pensent que leur « génie » les habilite à « réglementer » les travailleurs, qui ne sauraient pas ce qui est dans leur propre intérêt. 10 $ US. Aussi en anglais, espagnol, farsi et arabe.

Le bilan anti-ouvrier des Clinton
Pourquoi Washington craint les travailleurs

JACK BARNES

Ce que les travailleurs doivent savoir sur le cours, axé sur le profit, des démocrates et des républicains au cours des 30 dernières années. L'éveil politique des travailleurs qui cherchent à comprendre et à résister aux attaques des dirigeants capitalistes. 10 $ US. Aussi en anglais, espagnol, farsi et grec.

Une révolution socialiste est-elle possible aux États-Unis ?
Un débat nécessaire entre travailleurs

MARY-ALICE WATERS

« Oui », répond l'auteure sans hésiter. Possible, mais pas inévitable. Ça dépend de ce que font les travailleurs. 7 $ US. Aussi en anglais, espagnol et farsi.

En défense de la classe ouvrière américaine
MARY-ALICE WATERS

En 2018, les grèves victorieuses de dizaines de milliers d'enseignants et d'autres travailleurs de la Virginie-Occidentale et de l'Oklahoma ont été, pour tous les travailleurs, un exemple de lutte pour la dignité et le respect. 7 $ US. Aussi en anglais, espagnol, farsi et grec.

Le programme de transition pour la révolution socialiste
LÉON TROTSKY

Le programme du Parti socialiste des travailleurs, élaboré par Léon Trotsky en 1938, guide toujours le SWP et les communistes partout dans le monde. Le parti « combat sans compromis tous les groupements politiques accrochés aux basques de la bourgeoisie. Sa tâche : l'abolition de la domination du capitalisme. Son objectif : le socialisme. Sa méthode : la révolution prolétarienne. » 17 $ US. En anglais et en farsi.

Malcolm X parle aux jeunes

« La jeune génération de blancs, de Noirs, de bruns, de toute autre couleur, vous vivez une époque de révolution, a dit Malcolm en 1964. Quant à moi, je me joindrai à quiconque, je me fiche de votre couleur, veut changer la condition misérable qui existe sur cette terre. » Quatre discours et un entretien dans les derniers mois de la vie de Malcolm X. 12 $ US. Aussi en anglais, espagnol, farsi et grec.

WWW.PATHFINDERPRESS.COM

PATHFINDER DANS LE MONDE

ÉTATS-UNIS
(et Amérique latine, Antilles et Asie de l'Est)
*Pathfinder Books, 306 W. 37th St., 13th Floor
New York, NY 10018*

CANADA
*Livres Pathfinder, 7107, rue St-Denis, suite 204
Montréal, QC H2S 2S5*

ROYAUME-UNI
(et Europe, Afrique, Moyen-Orient et Asie du Sud)
*Pathfinder Books, 5 Norman Rd.
Seven Sisters, Londres N15 4ND*

AUSTRALIE
(et Nouvelle-Zélande, Asie du Sud-Est et Pacifique)
*Pathfinder Books, Suite 2, First floor, 275 George St.
Liverpool, Sydney, NSW 2170
Adresse postale : P.O. Box 73, Campsie, NSW 2194*

**JOIGNEZ-VOUS AU CLUB DES LECTEURS DE PATHFINDER
ET ENRICHISSEZ VOTRE BIBLIOTHÈQUE**

10 $ PAR ANNÉE
RÉDUCTION DE 25 % SUR TOUS LES TITRES
RÉDUCTION DE 30 % SUR LES TITRES DU MOIS

Valide sur pathfinderpress.com et dans les centres de livres Pathfinder locaux

Visitez le www.pathfinderpress.com/products/pathfinder-readers-club

Pathfinder
pathfinderpress.com